기술이 바꾼
일상의 역사

기술이 바꾼 일상의 역사

연유진 지음

날

일러두기

- 책명은 《 》, 단편 글·논문명·작품명·기사 제목은 〈 〉로 표기했다.
- 병기는 영어 표기를 기준으로 삼았다.

책을 내며

우리는 지금 인류 역사상 가장 치열한 기술 변화의 현장에 서 있습니다. 사람처럼 생각하고 움직이는 인공지능과 로봇이 삶 속으로 들어오고, 저 멀리 우주를 무대로 사업을 하려는 기업들이 등장했어요. 기술 혁신을 뒷받침할 첨단 반도체와 안정적인 전력을 확보하기 위해 각국은 치열하게 경쟁 중입니다.

눈앞에서 일어나는 엄청난 변화에 우리는 기대와 공포를 동시에 품게 됩니다. 자연스레 이런 질문들도 던지고요.

'앞으로 세상이 어떻게 변할까?'

'무슨 직업을 택해야 행복하게 살 수 있을까?'

경제의 역사를 돌아보면 희미하게라도 답의 실마리를 찾는 데 도움이 될 것입니다. 이미 인류는 기술이 세상을 바꾼 순간을 수차례 지나왔거든요. 수렵채집 생활에서 벗어나 농사를 지으며 모여 살기 시작한 '농업혁명', 증기기관이라는 새로운 동력원을 얻으며 시작된 '1차 산업혁명', 컨베이어 벨트 등으로 인해 대량 생산 체제가 완성된 '2차 산업혁명', 정보통신기술로 디지털 세상을 열어젖힌 '3차 산업혁명'이 그런 순간들이죠. 4차 산업혁명에 들어선 지금 우리가 살고 있는 세상은 이런 '혁명'들이 쌓여 이른 곳입니다.

　　혁명을 일으킨 기술들은 어느 날 하늘에서 뚝 떨어지지 않았습니다. 마치 생물의 진화처럼, 기술도 기나긴 진화의 과정을 거쳐 사람들의 삶 속으로 들어오지요. 처음에는 누군가 최초의 질문을 던지며 아이디어를 떠올립니다. 후대 과학자들과 발명가들은 초기 기술을 개선해 쓸 만한 형태로 발전시켜 나가죠. 그중 몇몇은 사업가 기질을 발휘해 기술의 쓸모를 널리 알리고, 기술을 이용하는 비용을 획기적으로 낮춰요. 이런 과정을 모두 거쳐야 기술은 비로소 대중화 단계에 접어들고, 세상을 바꾸는 혁신을 일으킵니다.

　　기술 혁신이 일어나면 경제는 한 단계 성장합니다. 효율적으로 자원을 쓸 수 있게 되고 생산성도 높아져요. 그 결과 인류는 가난과 굶주림에서 벗어나 풍요를 누릴 수 있게 되었죠. 하지만 기술 혁신이 항상 모두에게 이로운 방향으로 작동하는 것은 아닙니다. 새로운 기술이 만든 질서가 낡은 질서를 파괴하면, 많은 사람이 일자리를 잃었어요. 자연을 경외가 아닌 개발의 대상으로 보기 시작하면서 환경오염과 기후 위기도 나타났고요. 소수의 기업들에게 돈과 권력이 쏠

　　　　　　　　　　　　　　　　　　　　　　기술이 바꾼 일상의 역사

리는 현상도 심해졌죠.

물론 인류는 이런 그림자를 가만두지 않았습니다. 기술로 얻은 과실을 모두 누릴 수 있게 하려고 많은 노력을 했습니다. 먼저 민주주의를 통해 다양한 집단이 사회적 의사결정에 참여할 수 있는 구조를 만들었어요. 기술이 일으킬 충격과 부작용을 줄이고 더 나은 방향으로 사용할 수 있게 제도와 규제도 설계했습니다. 인류의 노력이 있었기에, 세상은 점점 더 나은 방향으로 나아갈 수 있었지요. 4차 산업혁명 시대에도 이러한 수레바퀴는 계속 굴러갈 것입니다.

이 책은 농업혁명부터 3차 산업혁명까지 일상을 바꾼 주요 기술과 오늘날 4차 산업혁명을 이끌고 있는 기술을 차례로 알아봅니다. 특히 기술이 일상에 스며드는 과정과 보통 사람들이 경험한 기술의 명암을 주의 깊게 살펴보려고 해요. 이 책을 통해 독자들이 기술과 경제의 나아갈 방향을 고민하면 좋겠습니다. 눈앞의 변화를 두려워하지 말고 맞이하되, 번영을 위한 도구로 기술을 사용하길 바랍니다.

3장 대량 생산 대량 소비의 시대

4장 드디어 열린 디지털 세상

5장 다가올 미래? 다가온 현실

1장

산업혁명 이전의 세계

농업혁명

화폐

항해술

종이

인쇄술

문명과 시장을 탄생시킨 농경

수렵채집 시대의 삶은 어땠을까요. 당시 사람들에게 생존 자체가 도전이었습니다. 살아남기 위해 먼저 배고픔부터 해결해야 했죠. 사냥에 성공하거나 열매가 잔뜩 열린 나무를 발견한 운수 좋은 날에는 배불리 먹고 잠자리에 들 수 있었지만, 그렇지 않은 날들도 많았죠.

그러다 인류에게 큰 위기가 닥칩니다. 지구 기후가 변하면서 생태계가 크게 바뀐 것이죠. 하루 종일 산과 들을 헤매도 먹을 것을 구할 수 없는 날이 늘었습니다. 마침내 인류는 농사를 짓기로 결심했습니다. 그동안 자연을 관찰하며 보리, 밀, 조, 수수 같은 식물들이 1년 주기로 싹이 트고 열매를 맺는다는 법칙을 파악하고 있었거든요. 씨앗을 잘 보관했다가 땅에 뿌리면 이듬해 수확할 수 있으리라고 생각했죠. 그러면서 차차 농사를 짓고 가축 기르는 법을 알아 갑니다. 이런 변화를 '농업혁명'이라고 합니다.

이후 경제는 농업을 중심으로 돌아갔고, 세계 어디나 가장 흔한 직업은 식량을 생산하는 농부였습니다. 그럼에도 식량이 인구 증가 속도를 따라잡지 못해 배고픔에 허덕였습니다.

도시

초기 농사 흔적은 '비옥한 초승달 지대' 주변에 남아 있습니다. 비옥한 초승달 지대는 현대의 이라크, 시리아, 레바논, 이스라엘, 요르단, 팔레스타인, 튀르키예 남동부, 이란 서부 등을 포함하는 넓은 지역을 가리킵니다. 이집트의 나일강, 메소포타미아의 티그리스강과 유프라테스강을 끼고 있죠. 그 모습이 마치 초승달을 엎어 놓은 듯하지요.

농사는 곧 다른 지역에서도 짓기 시작합니다. 인도의 인더스강과 갠지스강, 중국의 황허강처럼 큰 강의 주변 지역에서였지요. 강가는 비옥한 데다 농사를 짓는 데 필요한 물도 쉽게 끌어다 쓸 수 있으니까요.

그런데 농경은 결코 만만한 일이 아니었습니다. 하루하루 먹거리를 해결하던 수렵채집 시대와 달리 일 년 단위로 계획을 세워야 했으니까요. 무엇보다 농지에 물을 대는 관개 작업은 한두 사람이 할 수 있는 일이 아니었어요. 물길을 만들려면 여러 사람이 힘을 합쳐

비옥한 초승달 지대는 인류 최초의 농경과 도시 문명이 시작된 역사적인 공간이다. '비옥한 초
승달 지대'라는 말은 20세기 초 역사학자 제임스 헨리 브레스티드James Henry Breasted가 인
류 문명의 발상지를 설명하기 위해 만든 개념이다. 그림에서는 진분홍색 영역이다.

약 1만 년 전 농업혁명이 일어난 뒤 농사짓는 기술은 점차 발전했다. 산업혁명 이전에 등장한 가장 획기적인 농기구는 '철제 쟁기(중형 쟁기라고도 함)'였다. 철제 쟁기를 사용하면 흙을 깊게 팔 수 있는 데다 단단하고 척박한 땅도 개간할 수 있었다. 그 결과 같은 땅에서 더 많은 양의 농산물을 수확할 수 있게 되었고, 경작할 수 있는 농지도 넓어졌다.

그럼에도 산업혁명 이전 경제 활동은 식량 생산에 집중되어 있었다. 농업 기술이 배고픔을 벗어날 만큼 식량을 충분히 얻는 수준까지 도달하지 못했기 때문이다. 한 연구에 따르면 14세기 말까지도 유럽 성인 남성의 78퍼센트가 농업에 종사한 것으로 추정된다. 그림은 14세기 중세 필사본에 실린 철제 쟁기야 했죠. 농경지 주변에는 점점 더 많은 사람이 모여들었어요. 시나브로 도시가 형성됩니다. 비옥한 초승달 지대에는 예리코, 우르, 바빌론 등 여러 고대 도시가 생겨났습니다. 출토된 유물로 짐작해 보면, 이런 도시에는 최소 수만 명이 모여 살았을 것으로 보입니다.

시장

사람들이 모여 살면 자연스레 경제 활동도 일어납니다. 인류는 식량을 더 많이 생산하고 적들에게 빼앗기지 않기 위해 각자 할 일을 나누었습니다. 농사를 짓는 사람, 생활용품을 만드는 사람, 신전이나 집을 짓는 사람, 신에게 제사를 지내는 사람, 도시를 지키는 사람 등으로 일을 나누자, 직업이 생겼죠. 직업을 가진 사람들은 생활에 필요한 모든 재화와 서비스를 혼자서 마련할 수 없었어요. 그래서 '교환'이란 걸 하게 되었고, 이 과정에서 시장이 형성되었죠.

많은 사람이 모여 살다 보니 여러 일이 생깁니다. 문제를 해결하고 조정해 줄 사람들도 필요해졌죠. 통치자가 등장합니다. 그러면서 점차 계급이 나뉘기 시작하지요. 왕, 귀족, 사제 같은 지배 계급과 보통의 백성, 노예 등 피지배 계급으로 말입니다. 이렇게 형성된 사회 구조는 18세기 중반 산업혁명이 일어나기 전까지 이어집니다.

　　　　　　　　　　　　　　　　기술이 바꾼 일상의 역사

자유롭게 사고팔 수 있게 한 화폐

농경 사회에서는 필요한 것을 얻기가 쉽지 않았습니다. 물물교환을 했으니까요. 일단 나한테 필요한 것을 가진 사람을 찾아 나서야 했습니다. 그 사람과 반드시 거래가 이루어진다는 보장도 없었어요. 서로 다른 물건을 어떤 비율로 교환해야 적당한지 합의하는 것이 무척 힘들었죠. 이렇다 보니 사람들이 바라는 만큼 충분한 거래가 일어나지 않았습니다.

이런 불편함을 덜기 위해 인류는 거래를 수월하게 해 줄 물품을 생각해 냅니다. 서로 다른 물건의 가치를 비교하고 교환하기 위한 기준을 만든 거지요. 처음에는 조개껍데기, 소금, 곡물 등 주변에서 쉽게 찾을 수 있는 물품들을 이용했어요. 기원전 3000년경 메소포타미아 지역의 수메르인들은 보리를 화폐로 사용했다고 해요.

조개껍데기, 소금, 곡물 등은 보관이 힘들고 무겁기도 했습니다.

사람들은 점점 더 다른 것을 생각해 냅니다. 그러면서 금, 은, 청동 등 귀금속을 교환의 매개로 쓰기 시작했죠. 이런 것들은 특히 배를 타고 멀리 나가 무역을 할 때 유용했습니다.

주화

하지만 귀금속도 불편한 점이 있었습니다. 귀금속의 가치를 확인하기 위해 거래할 때마다 무게와 순도를 일일이 측정해야 했거든요. 이 과정에서 시간이 오래 걸리고 분쟁도 자주 일어났어요. 아무래도 분쟁이 잦으면 거래가 잘 이루어지기 어렵겠죠.

현존하는 가장 오래된 주화,
리디아 금화

기원전 7세기경 마침내 현대의 튀르키예 지역에 있었던 리디아 왕국이 이런 문제를 해결합니다. 바로 인류 최초로 주화를 만들어 낸 것이죠. 리디아인들은 **호박금**을 녹여 동글납작하게 만들었습니다. 여기에 왕을 상징하는 사자 문양 도장을 찍어 주화의

호박금

천연 상태의 금과 은의 합금이다. 보통 금에 20~70퍼센트의 은이 섞여 있다. 은의 비율에 따라 금색에서 은백색까지 다양한 색을 띤다.

건원중보는 고려 성종 때인 996년 처음 주조된 화폐로, 지금까지 한반도에서 발견된 화폐 중 가장 오래되었다. 물물교환의 불편함을 줄이고, 세금 징수와 시장 거래를 안정적으로 하기 위해 주조되었다. 하지만 널리 쓰이지는 못했다. 당시 사람들은 쌀·베·곡물·물건으로 주고받는 물물교환에 더 익숙했고 중국 동전도 이미 쓰고 있었다. 또 철로 만든 건원중보가 녹이 잘 슬고 무거워서 사용하기 불편하다고 생각했다. 나라 차원에서도 건원중보만 쓰라고 강제할 형편이 못 됐다. 세금 등을 주로 곡물로 받았기 때문이다. 당시엔 상업이 크게 발달하지 않아 동전이 꼭 필요할 만큼 거래가 많지도 않았다.

모양을 냈고요. 리디아의 왕이 무게와 가치를 보장한다는 뜻이지요.

주화가 생겼으니 매번 번거롭게 귀금속의 가치를 따질 필요가 없게 되었습니다. 리디아에서는 더욱 상업이 발달했죠. 주화가 유용하다는 사실이 알려지자 주변의 다른 나라들에서도 리디아 왕국처럼 주화를 만들기 시작합니다.

우리나라에서는 언제부터 주화를 썼을까요? 중국 역사서 《한서》를 비롯한 옛 문헌을 보면 고조선 시대부터 주화를 사용했을 것으로 보입니다. 아쉽게도 실제로 유물이 출토된 적은 없지만요. 현존하는 가장 오래된 주화는 고려 성종 15년(996)에 제작된 건원중보乾元重寶입니다.

지폐

주화에 비해 지폐의 역사는 상대적으로 짧아요. 세계 최초의 지폐는 10세기 말 송나라 상인들이 발행한 교자交子입니다. 왜 지폐를 만들었을까요? 송나라는 중국 역사상 가장 폭발적으로 경제가 성장하던 시기였어요. 농업 기술이 발전해 식량 생산이 늘었고 인구도 1억 명에 이르렀죠. 야시장까지 열릴 정도로 상업도 발달했습니다. 무겁고 부피가 큰 주화로는 거래 규모를 감당할 수 없었지요. 상인들끼리 지폐를 만들어 쓴 이유입니다. 나중에는 나라에서 직접 지폐를 발행했습니다. 송나라 다음의 원나라에서는 한 걸음 더 나아가 지폐를 전국에서 통용되는 법정 화폐로 사용했습니다. 이 지폐를 교초交鈔라고 불렀습니다.

13세기 베네치아 상인 마르코 폴로Marco Polo는 원나라를 비롯한 동아시아를 여행하죠. 마르코 폴로가 들려준 여행담을 감옥 동료가 기록한 것이 《동방견문록》입니다. 이 책에 원나라에서 지폐를 사용한 내용이 나와요. 이런 내용을 보고도 유럽인들은 지폐를 받아들이지 못했어요. 주화는 금속으로서 가치가 있었지만, 지폐는 말 그대로 종잇조각이라고 생각했거든요.

유럽에서는 수백 년이 지나서야 지폐가 쓰입니다. 1661년 스웨덴의 스톡홀름 은행에서 발행한 은행권이 최초입니다. 은행권은 은행이 발행한 지폐를 뜻합니다. 우리나라에서도 한국은행이 발행한 은

기술이 바꾼 일상의 역사

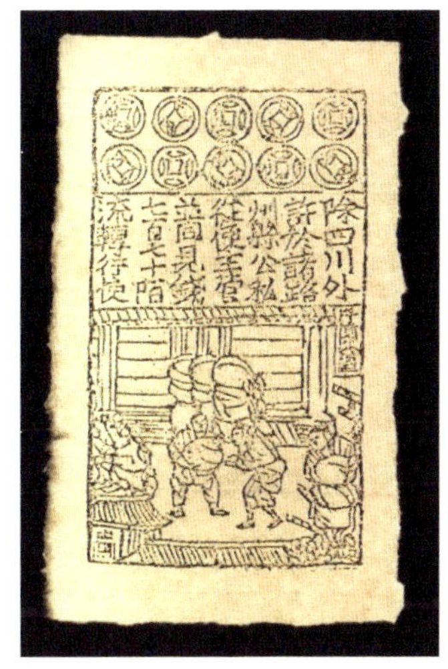

행권을 법정 화폐로 사용하고 있습니다. 한국은행은 최첨단 지폐 위조 방지 기술을 적용하고 통화량(시중에 유통되는 돈의 양)을 엄격하게 조절해요. 사람들이 종이로 만든 돈을 믿고 쓸 수 있도록 하려는 노력이죠.

주화와 지폐라는 화폐의 발명은 사람들이 생각하는 부의 기준을 바꾸어 놓았어요. 물품으로 교환했던 시대의 사람들은 토지, 곡물, 가축 등을 부의 기준으로 삼았는데, 화폐가 발명된 이후로는 화폐에 담긴 돈의 가치가 기준이 된 것이죠.

동전 테두리는 왜 오톨도톨할까?

화폐는 사회적 발명품입니다. 즉 사람들이 교환 수단으로 쓰자고 함께 약속하고 믿어 생긴 겁니다. 그렇더라도 사람들이 화폐를 믿기까지는 여러 기술이 필요했습니다. 중세 유럽에서는 금화나 은화의 가장자리를 교묘하게 깎아 낸 부스러기를 빼돌리는 범죄인 코인 클리핑coin clipping이 흔하게 일어났어요. 부스러기들을 모아 위조 화폐를 만들거나 다른 나라로 빼돌리는 식이었죠.

코인 클리핑으로 훼손된 주화는 표면에 쓰인 숫자만큼의 가치를 인정받을 수 없었어요. 정량보다 무게가 줄어들었으니까요. 이렇게 실제 가치보다 낮아진 주화를 '악화惡貨'라고 불렀습니다. 악화가 유통되면 어떻게 될까요? 화폐에 대한 신뢰가 떨어지고, 경제도 위협을 받게 되겠죠.

이 문제를 해결한 사람이 '만유인력의 법칙'으로 유명한 과학자 아이작 뉴턴Isaac Newton입니다. 영국 정부는 1696년 뉴턴에게 화폐 개혁을 주도하는 조폐국 감사직을 맡겨요. 뉴턴은 시중에 유통되던 은화를 회수해 새로운 은화로 교체합니다. 새 은화는 기계로 찍어 냈습니다. 무게와 순도를 일정하게 하고, 테두리에 정교하게 톱니 모양의 돌기도 새겼죠. 돌기가 있으면 주화가 깎인 걸 금방 알아낼 수 있거든요. 로마 시대부터 화폐 가치를 지키기 위해 종종 사용하던 방식이었어요.

뉴턴의 노력 덕분에 영국은 화폐의 신뢰도를 되찾을 수 있었습니다. 뉴턴이 주화를 제작한 공정은 이후 동전 제조의 기초가 되었죠. 이처럼 뉴턴은 과학계뿐 아니라 경제계에도 큰 유산을 남겼습니다. 지금 우리가 쓰는 동전 테두리에도 돌기가 남아 있습니다.

오톨도톨한 동전 모서리. 리딩Reeding이라고도 한다. 우리나라 동전은 금액별로 톱니 개수가 다르다. 10원짜리에는 톱니무늬가 없고 50원은 109개, 100원 110개, 500원 120개다. 리딩은 위조만 막는 것이 아니라 시각장애인이 동전 금액을 구분하게 해 주고, 자동판매기나 코인 카운터에서 동전을 인식해 분류하게도 한다.

세계를 연결한 항해술

고대 국가나 도시는 주로 큰 강을 끼고 발달했어요. 농사를 지으려면 물을 쉽게 구할 수 있어야 하니까요. 그러던 어느 날 누군가가 물에 떠다니는 나무를 보면서 '배'라는 아이디어를 얻었을 겁니다. 이후 인류는 물과 바람의 힘을 이용해 강과 바다를 누볐습니다.

파라오가 등장하기 이전부터 이집트 사람들은 배를 탔습니다. 나일강 유역에서는 기원전 3500년경 발달한 **게르제**Gerzeh **문화**의 유물이 다수 출토되었는데, 유물 중에 당시 생활상을 보여 주는 그림

게르제 문화

나일강 유역에서는 이집트 왕조가 생기기 전부터 여러 문화가 발전했다. 게르제 문화는 기원전 3500년경부터 3200년경까지 존재한 것으로 추정되는 나카다 2기를 가리킨다. 이집트의 한 마을인 게르제 근처에서 여러 유적과 무덤이 발견되어 이런 이름이 붙었다. 그림이 그려진 아름다운 토기가 대표적인 유물이다.

기술이 바꾼 일상의 역사

이 그려진 도자기도 나왔어요. 그림 속에는 사각 돛을 단 배도 묘사되어 있었습니다. 당시 사람들은 이런 돛배를 타고 나일강의 흐름(남 → 북)과 바람(북 → 남)을 모두 이용해 이동했을 겁니다.

고대인들은 다양한 자원을 확보하기 위해 무역에 뛰어들었어요. 무역은 지역 간에 이루어지는 물품 거래를 뜻해요. 지역마다 환경, 기술 수준 등이 달라 각자 잘 만들 수 있는 물품이 달랐습니다. 무역을 하면 질 좋은 물품을 서로 교환할 수 있으니 좋았지요.

지중해를 장악한 이집트인들은 나일강을 따라 이동하면서 지중해 연안 도시들과 무역을 했습니다. 지금의 레바논 지역에서는 기원전 13세기 무렵부터 '상업의 민족'이라는 별명을 얻은 페니키아인들이 무역에 뛰어들었어요. 페니키아인들은 갤리선을 개발했어요. 갤리선은 이전의 돛배와 많이 달랐습니다. 돛배는 바람이 있어야 항해할 수 있었지만, 갤리선은 돛 외에 노도 있었죠. 노를 저어 바람 방향이나 세기에 관계 없이 원하는 방향으로 빠르게 이동할 수 있었습니다. 페니키아인들은 갤리선을 타고 좁은 해안선을 따라 요리조리 이동하며 물자를 실어 나를 수 있었죠. 이집트와 메소포타미아를 연결하는 중계 무역도 할 수 있었지요. 레바논의 목재, 키프로스의 주석, 이베리아반도의 납 등 지역 특산품을 사들인 뒤 다른 지역에 팔아 큰돈을 버는 식이었습니다.

배

7세기 이후에는 이슬람 상인들이 해상 무역을 주도합니다. 7세기에 이슬람 세력은 사산조 페르시아를 멸망시키고 서쪽으로는 스페인, 동쪽으로는 중앙아시아와 인도 북서부에 이르는 광대한 제국을 건설합니다. 그 결과 지중해, 홍해, 페르시아만, 인도양을 연결하는 거대한 단일 경제권이 형성되었고, 이 네트워크에서 이슬람 상인들은 자유롭게 상업 활동을 할 수 있었죠. 이들은 다우선을 이용했습니다. 다우선은 돛배의 일종인데, 삼각형 돛을 여러 개 달고 있다는 점이 여느 돛배와 다릅니다. 돛이 여러 개라서 진행 방향을 쉽게 바꿀 수 있는 것이 큰 장점이었죠. 또 선체를 못 대신 끈으로 꿰매어 조립했기 때문에 배가 유연해 암초에 부딪혀도 쉽게 뒤집히지 않았습니다.

당시 이슬람 제국은 동아시아와 유럽을 잇는 주요 교역로를 장악하고 있었습니다. 이슬람 상인들은 중국에서 생산된 비단·도자기·차와, 인도·동남아시아의 향료·보석 등을 유럽과 아프리카로 수출하며 막대한 이익을 얻었죠. 한반도에도 이런 무역의 흔적이 남아 있습니다. 일례로 황남대총 같은 삼국 시대 신라 고분과 가야 고분군에서 '로만 글라스Roman Glass'가 종종 출토됩니다. 지중해 연안

위 그림은 19세기 말 독일 해양 화가 크리스토퍼 레이브Christopher Rave가 상상해 그린 15세기 베네치아 갤리선. 아래 그림은 19세기 홍해 연안에 정박한 다우선을 묘사한 동판화

로만 글라스는 1~4세기경 로마 제국 시대에 지중해 연안에서 만들어져 실크로드를 통해 동아시아까지 전해진 유리 제품들의 총칭이다. 한반도에서는 삼국 시대 신라와 가야 무덤에서 많이 출토되고 있다. 유리 제품들은 대롱불기blowing 기법으로 만들어졌을 것으로 보인다. 사진은 신라 5세기경 황남대총(경주 황남동 대릉원에 위치한 신라의 왕릉급 고분)에서 출토된 봉수형 유리병(입구가 봉황 머리처럼 생겨 봉수형이라 함)

에서 만든 유리 제품들이 이슬람 상인들을 거쳐 한반도까지 넘어온 거죠.

나침반과 항해도

정확히 시기를 특정할 수 없지만, 동아시아 지역 사람들은 오래전부터 천연 자석(자철석)이 남북을 가리킨다는 사실을 알고 방향을 찾는 데 천연 자석을 썼어요. 그러다 11세기 송나라에서 24방위로 나뉜

          기술이 바꾼 일상의 역사

나침반을 만들었지요. 송나라 상인들은 나침반을 들고 주로 도자기를 사고파는 무역에 뛰어들었습니다.

송나라 도자기는 품질과 예술성이 뛰어나 인도, 이슬람 제국, 유럽 등에서 고가에 팔렸습니다. 하지만 당시 송나라는 거란을 비롯한 북방 민족들에게 막혀 육로로 무역을 하기 어려웠습니다. 무역의 중심이 바닷길로 바뀐 배경이지요. 송나라 상인들은 날씨가 안 좋을 때나 밤중에 바다에서 방향을 잃지 않기 위해 나침반을 활용했습니다. 나침반은 이후 이슬람 제국과 유럽에 전파되었어요.

오랫동안 이탈리아 베네치아의 상인들은 지중해를 장악하고, 이슬람 상인들에게 후추, 정향 같은 향신료를 사서 되파는 식으로 부를 쌓았습니다. 향신료는 왜 이런 귀한 대접을 받은 걸까요? 당시에는 냉장고 같은 냉장 시설이 없었습니다. 사람들은 고기나 생선을 소금에 절이거나 훈제해 먹었죠. 그런데 노린내가 심하고 맛도 역했습니다. 이런 문제를 해결해 준 것이 바로 향신료입니다. 향신료를 치면 노린내나 잡내가 사라지고 맛도 더 좋아졌으니까요. 향신료 중 후추는 한 알의 가치가 금 한 덩이와 맞먹을 정도로 비쌌죠. 원산지인 인도 남부에서 유럽까지 육로, 해로를 거쳐 운송되었기 때문에 비쌌습니다. 운송 과정에서 가격이 100배까지 뛰기도 했죠. 이렇다 보니 후추는 중세에 왕족이나 귀족 등 부유층의 진유물이었고, 심지어 세금을 낼 때도 화폐 대신 쓰였어요. 유산으로 가치도 있었고요.

15~17세기 유럽인들은 직접 향신료를 찾아 나섭니다. 특히 후추

배를 발명하는 등의 기술 발전과 아울러 대항해 시대를 열어젖힌 것 중 하나가 향신료에 대한 욕망이었다. 향신료가 없던 시절 유럽 음식은 소금과 신맛에 의존한, 맛보다는 살아남기 위해 먹어야 하는 것이었다. 그런데 후추를 비롯한 향신료가 음식 맛을 혁명적으로 바꾸어 놓았다. 그림은 야콥 요르단스Jacob Jordaens, 〈왕이 마신다The King Drinks〉

를 안정적으로 확보하기 위해서였죠. 향신료를 향한 열망이 대항해 시대를 열었다고 해도 과언이 아닙니다. 대항해 시대를 누빈 나라를 꼽으라면, 포르투갈과 에스파냐(지금의 스페인)입니다. 두 나라는 경쟁적으로 대서양을 건너 유럽, 아메리카, 아시아를 잇는 바닷길을 열었어요. 이들은 나침반과 위도를 계산할 수 있는 천문 관측 도구를 이용해 길을 잃지 않고 장거리 항해를 할 수 있었습니다. 또 해안선, 항구, 풍향 등을 체계적으로 기록한 항해도를 제작하며 항로를 개척해 나갔어요. 항해할 때는 화물을 많이 실을 수 있게 설계한 대형 범선 갤리온을 탔습니다.

주식과 보험

하지만 항해술의 발전이 '대항해 시대'로 이어지려면 꿰어야 할 마지막 단추가 있습니다. 바로 모험에 필요한 자본을 끌어오는 일이었죠. 장거리 항해를 하려면 먼저 큰 선박을 건조해야 해요. 수년치 선원들의 급여와 식량도 마련해야 합니다. 교역품을 살 돈도 필요해요. 오늘날로 치면 수십억에서 수백억 원이 듭니다. 개인이 도저히 마련할 수 있는 규모죠. 운 좋게 왕실의 후원을 받는다 쳐도 다 채울 수 없는 자본입니다.

이런 배경에서 탄생한 것이 바로 '주식'입니다. 세계 최초의 주식

국제 보험 시장인 로이즈 오브 런던의 기원이 된 '로이즈 커피하우스'를 묘사한 그림

회사는 1602년 설립된 네덜란드 동인도회사voc예요. 동인도회사는 일반 시민을 대상으로 투자자를 모집해서 십시일반으로 자본을 모았어요. 투자자들에게는 증표로 주식을 나누어 주었지요. 수년 뒤 배가 항해를 마치고 무사히 돌아오면, 투자자들은 가지고 있는 주식만큼 수익금을 받았죠. 이 수익률이 쏠쏠하다는 소문이 돌자 네덜란드에서는 주식을 사려는 사람이 늘었고, 시민들이 모여드는 곳에 자연스레 증권거래소가 생겼습니다. 네덜란드는 주식이라는 새로운 자본 조달 시스템을 발명하면서 단숨에 대항해 시대를 선도하는 국가가 되었죠.

　물론 모든 항해가 항상 성공적으로 끝나진 않았어요. 거대한 폭풍을 만나서 배가 침몰하거나 해적에게 교역품을 모두 빼앗기는 일도 많았습니다. 상인과 투자자들은 실패 위험도 대비해야 했어요. 그래서 탄생한 시스템이 '보험'입니다.

　1688년경 영국의 에드워드 로이드Edward Lloyd는 런던에 '로이즈 커피하우스Lloyd's coffeehouse'를 열었어요. 이곳은 단순한 카페가 아닙니다. 상인, 선주, 은행가 등 무역과 관련 있는 사람들이 모여 정보를 교환하는 공간이었죠. 로이드는 고객들을 위해 선박의 출항과 도착, 해적과 전쟁 위험, 항로의 날씨 정보 등을 모은 소식지를 발행했어요. 고객들은 일정한 보상을 받고 서로 위험을 나눠 부담하는 계약을 맺었죠. 이런 관행은 점차 현대적인 보험 제도로 발전했습니다. 로이즈 커피하우스는 오늘날 세계에서 가장 오래된 보험 시장인 '로이즈 오브 런던Lloyd's of London'의 모태가 되었지요.

지식과 기술을 축적한
문자

사자보다 달리기가 느리고 곰보다 힘이 약한 인류가 어떻게 지구에서 가장 강력한 종이 되었을까요? 저는 지식과 기술을 축적하게 만든 문자와 인쇄술의 발명 덕분이라고 생각합니다.

최초의 문자는 기원전 3500년경 메소포타미아에 있는 수메르에서 발명됐어요. 그 문자는 점토판에 쐐기 모양으로 찍혀 있었어요. 인류는 왜 문사를 발녕했을까요? 농경으로 인해 경제 활동이 일어나고 복잡해지자 기억할 것이 많아졌을 겁니다. 창고에 물품이 얼마나 남았는지, 다른 사람에게 얼마를 빌려주었는지 등을 일일이 기억하기 어려웠을 테니까요. 경제 활동에 관한 것들을 잊어버리지 않으려고 문자를 발명했으리라 추정합니다.

비슷한 시기에 이집트에서도 사물이나 동물의 실제 모양을 본떠 만든 상형문자를 사용하기 시작했어요. 주로 종교·주술적 용도로 사

기술이 바꾼 일상의 역사

문자 없이 문명의 발전을 말할 수 없다. 왜 인류는 문자를 만들게 되었을까? 최초의 문자인 쐐기 문자로 적은 내용을 보면 짐작할 수 있다. 이 점토판은 누가 무엇을 얼마나 받았는지 적은 '회계 장부'다. 사람과 물자가 너무 많아 '기억'만으로는 관리할 수 없게 되자 문자를 쓰기 시작한 것이다. 문자는 경제 활동을 하고 국가와 도시를 운영하기 위해 탄생했다.

용되었다고 하는데, 세금을 걷고 법률을 전파하는 등 국가 행정을 체계적으로 관리하는 데도 쓰였습니다.

기록문화

지금 쓰고 있는 알파벳은 국경을 넘나드는 상거래인 무역을 하는 과정에서 만들어졌어요. 기원전 1700년경 지금의 레바논과 시리아 해안 지역에는 페니키아인들이 살고 있었는데 이들은 지중해 전역을

오가며 무역을 했어요. 상거래를 하다 보면 자연스레 기억해야 할 것들이 생기니 문자도 만들었죠. 페니키아 문자는 22개 자음으로 이루어져 있고, 소리를 나타내는 표음문자였습니다. 훈련받은 전문 필경사가 아니라도 누구나 쉽게 배울 수 있어 상거래를 할 때 유용했습니다.

그리스인들은 페니키아인들과 거래하면서 문자를 눈여겨봅니다. 그리고 페니키아 문자에 모음을 추가해 그리스 알파벳을 만들었죠. 그리스 알파벳은 다시 로마로 전해져 라틴 문자(로마자)로 발전했고요. 로마 제국이 세력을 뻗치면서 라틴 문자는 유럽 전체로 퍼져 나갔고, 이것이 현재 알파벳의 원형이 되었습니다.

경제 활동 때문에 탄생한 문자는 예상치 못한 효과를 만들어 냈습니다. 지식을 보존하고 전달하는 방식인 '기록'을 발명해 냈으니까요. 고대에는 철학 사상이나 새로운 기술 등이 주로 입에서 입으로 전해졌습니다. 기원전 400년경에 활동한 철학자 소크라테스도 따로 글을 남기지 않았죠. 소크라테스는 제자들과 끊임없이 대화하며 철학을 전파했습니다. 입으로 전하는 방식은 지식을 빠뜨리거나 왜곡할 위험이 큽니다.

그런데 인류가 문자로 기록을 남기기 시작하면서 지식을 잊지 않고 축적할 수 있게 되었습니다. 다음 세대들은 과거 기록을 보며 지식을 이어받고 개선할 점을 찾아 앞으로 나아갈 수 있었어요. 소크라테스의 사상만 해도 제자 플라톤이 《대화록》으로 남겨 놓아서 아

　　　　　　　　　　　　　　　기술이 바꾼 일상의 역사

리스토텔레스를 비롯한 후대 철학자가 알 수 있었죠.

종이

문자가 발명되면서 문자를 전하는 매체도 발전합니다. 처음에는 대나무, 비단, 양피지, 파피루스 등에 문자를 적었습니다. 그러다 기원전 105년 중국 후한에서 종이가 발명됩니다. 환관 채륜이 나무껍질, 삼베 조각 등 자연에서 쉽게 구할 수 있는 재료를 가공해 종이를 만든 겁니다. 채륜은 기존에 쓰던 비단은 비싸고, 대나무나 나뭇조각은 너무 무거워 비효율적이라고 여겼던 듯합니다. 종이는 저렴한 데다 가볍고 글씨도 쓰기 편해 빠르게 퍼졌습니다.

종이는 중국 밖 세계로도 알려집니다. 751년경 당나라와 이슬람 제국 아바스 왕조 간에 전쟁이 벌어집니다. 이 **탈라스 전투**Battle of Talas를 계기로 이슬람 세계에서도 종이를 알게 되죠. 제지술은 중국의 기밀 기술이었는데, 당나라 포로 중에 제지 기술자가 있었던 겁니다. 아바스 왕조는 수도 바그다드에 대규모 제지 공장을 세우죠. 종이는 이슬람 세계 학문 발전에 큰 영향을 끼쳤습니다. 아바스 왕

탈라스 전투

751년 중앙아시아 탈라스강 유역에서 당나라와 이슬람 제국(아바스 왕조) 간에 벌어진 대전투이다. 중앙아시아 주도권을 장악하기 위한 전쟁이었다. 당나라가 참패했다.

조의 제지술은 사마르칸트를 거쳐 서아시아, 북아프리카, 유럽으로 전파됩니다. 유럽은 이슬람 세력이 이베리아반도를 지배하던 10세기 이후에 종이를 접하죠. 르네상스와 과학혁명의 기틀을 마련한 것 중 하나가 종이입니다.

이슬람 세계는 중국의 제지 기술을 바탕으로 값싸고 질이 고른 종이를 대량으로 생산했다. 값싸고 구하기 쉬운 헝겊을 찧어 펄프를 만들었고, 물레 같은 기계 장치를 도입해 섬유를 더 곱게 찧어 균질한 종이를 생산했으며, 종이 표면을 풀로 처리해 잉크가 잘 스며들지 않도록 했다. 종이가 많이 보급되자 지식이 빠르게 확산되었고, 그 결과 바그다드의 '지혜의 집' 같은 왕립도서관도 등장한다. 이슬람 세계의 학문이 크게 발전한다. 그림은 이슬람식 종이 제작 과정을 묘사한 그림

새로운 세계관을 만든 인쇄술

인쇄술을 본격적으로 발전시킨 곳도 아시아였어요. 인쇄술이 뭘까요? 글자나 그림을 종이나 다른 매체에 반복적으로 복제해서 찍어내는 기술입니다. 인쇄술은 인류의 지식과 문화가 확산되는 방식에 큰 변화를 가져왔습니다.

목판 인쇄와 금속활자

나무판에 글자나 그림을 새겨 찍는 목판 인쇄술은 7세기경 당나라에서 시작된 것으로 추정됩니다. 왜 당나라 때일까요? 당나라는 과거 제도로 관리를 뽑았습니다. 유교 경전이나 역사서 같은 '수험서'를 찾는 사람이 급증했죠. 또 불교를 전파하기 위해 경전을 널리 보

기술이 바꾼 일상의 역사

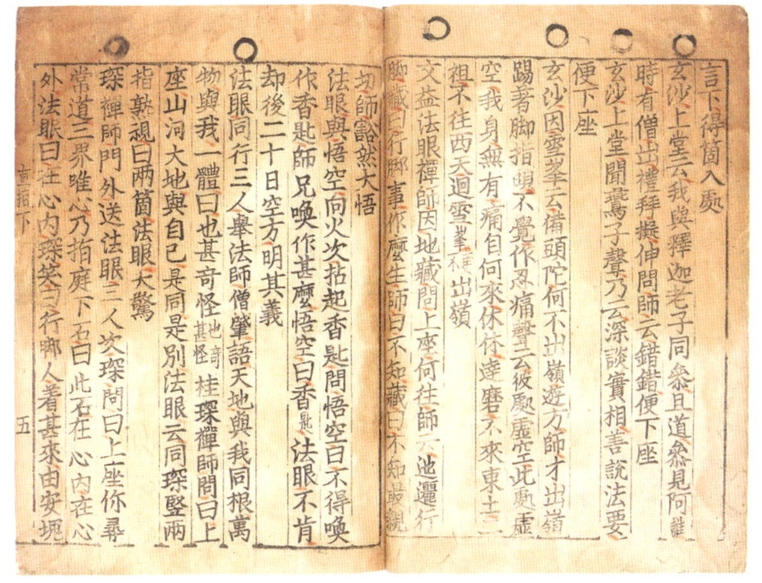

《직지심체요절》은 현존하는 세계 최고의 금속활자 인쇄물로, 1890년대 말 프랑스 외교관 빅토르 콜랭 드 플랑시에 의해 대한제국에서 프랑스로 반출되어 현재 프랑스 국립도서관에 소장되어 있다. 1970년대 프랑스 국립도서관에서 근무하던 박병선 박사는 《직지심체요절》에 대한 직접 조사와 비교 연구를 통해, 이 책이 1377년에 금속활자로 인쇄되었음을 학술적으로 규명했다. 이 사실이 국제 학계에 알려지면서 《직지심체요절》은 2001년 유네스코 세계기록유산으로 등재되었다.

급해야 했죠. 이전부터 종이는 있었으니, 수험서든 불경이든 더 많은 사람이 보게 할 방법을 궁리하다 인쇄술이 발전하게 된 겁니다.

우리나라도 세계적으로 인쇄술이 발전한 나라였습니다. 현재 남아 있는 가장 오래된 목판 인쇄물은 1966년 경주 불국사 석가탑에서 발견된 《무구정광대다라니경 無垢淨光大陀羅尼經》이에요. 학계에서는 이 경전이 통일신라에서 불국사를 세운 751년 이전에 제작된 것으로 보고 있습니다. 현존하는 가장 오래된 금속활자 인쇄물도 우리나라 것인데요, 1377년 고려에서 간행된 불교 서적《직지심체요절直指心體要節》입니다. 이 책은 유네스코 세계기록유산에 등재되었습니다.

하지만 아시아의 인쇄술은 지식을 대중에게까지 전파하는 데는 기여하지 못합니다. 아시아에서는 인쇄술을 빨리 발명하기는 했지만, 목판이나 활판에 먹을 바르고 종이를 문질러 글자를 찍어 내고 책으로 엮는 과정을 여전히 수작업에 의존했어요. 국가가 인쇄 사업을 주도했고 지배층들은 문자와 지식을 자신들의 전유물로 여겼기 때문에, 인쇄 과정을 발전시키는 일에는 큰 관심이 없었습니다. 그래서 책이 대량으로 생산되고 누구나 구매할 수 있는 수준으로 책값이 떨어지는 변화로 이어지지는 못했죠.

출판

유럽에서는 인쇄술의 발전이 아시아보다 늦었습니다. 14세기 초 목판 인쇄술이 보급됐지만, 인쇄술이 글자를 찍기보다는 직물에 무늬를 찍거나 놀이용 카드나 집을 장식할 그림을 인쇄하는 데 주로 쓰였어요. 하지만 인쇄술은 시대가 변하면서 점차 유럽 사회를 뒤흔듭니다.

　　　　　　　　　　　　기술이 바꾼 일상의 역사

유럽에서는 14세기부터 '르네상스Renaissance'라고 불리는 문예 부흥 운동이 일어납니다. 르네상스는 고대 그리스와 로마 문명의 문학, 사상, 예술 등을 본받아 인간 중심의 정신을 되살리려는 시도였어요. 르네상스 여파로 고전을 읽고 싶어 하는 사람이 많아졌죠. 하지만 소수의 부자나 귀족들만이 책을 접할 수 있었습니다. 책은 필경사들이 양피지에 손으로 필사해 수개월에 걸쳐 제작하는 값비싼 사치품이었기 때문입니다.

이때 독일의 금속 세공업자 요하네스 구텐베르크Johannes Gutenberg는 책을 대량으로 생산할 수 있다면 큰돈을 벌 수 있으리라고 생각합니다. 출판이라는 사업 아이디어를 떠올린 것이죠. 그는 동업자들과 함께 알파벳을 하나하나 조판할 수 있는 금속활자를 발명합니다. 또 누름판으로 활판과 종이를 균일하게 눌러 주는 인쇄기도 만듭니다. 포도주나 종이를 만들 때 쓰던 압착기(프레스)를 응용한 것이었지요. 인쇄용 종이와 이에 맞는 잉크까지 갖추며 시나브로 출판을 위한 시스템이 완성됩니다.

구텐베르크는 높은 투자금을 회수하고도 남을 만큼 잘 팔릴 책이 무엇일지 찾았습니다. 그때 눈에 들어온 것이 성경입니다. 그는 교회에서 파는 **면벌부**와 대학에서 읽히는 라틴어 문법서 등을 인쇄해 팔면서 기술과 자본을 축적해요. 마침내 구텐베르크는 1450년대 중반 이른바 《구텐베르크 성경》을 약 180부 발행합니다. 이 성경은 라틴어로 쓰인 42행 성경으로, 필사한 성경만큼이나 고급스러운 형태로 제작되었습니다.

　예상대로 성경을 사고 싶어 하는 사람은 많았지만, 유럽의 혼란스러운 정세 속에서 그의 기술은 밖으로 새어 버렸습니다. 안타깝게도 구텐베르크도 부자가 되지는 못했지요. 그 대신 인쇄술은 유럽 전역으로 퍼져 나갔습니다. 1500년경에는 236개 도시에서 적어도 하나 이상의 인쇄소가 운영되었다고 해요. 인쇄소 간의 경쟁이 치열해지자 책값이 떨어지고 다양한 책이 시장에 출판됩니다. 출판업이라는 새로운 산업이 싹을 틔운 거지요.

새로운 세계관

인쇄술은 종교개혁을 확산하는 기폭제 역할도 했습니다. 독일의 신학자 마르틴 루터Martin Luther가 1517년 비텐베르크의 한 예배당 문에 〈95개조 반박문〉을 써 붙입니다. 면벌부를 판매하는 로마 교황

면벌부

중세 시대 로마 가톨릭교회에서 죄에 대한 벌을 면제해 준다는 의미로 발행한 증서다. '면죄부'라고 부르는 경우도 있지만, 신학적으로 '면벌부'가 더 정확한 표현이다. 가톨릭 교리에 따르면 고해성사를 통해 죄를 용서받더라도 죄에 대한 책임(벌)은 남는데, 교회는 기부 등 선행을 하면 벌까지 면제된다고 인정해 주었다. 그러나 부패한 교황청이 면벌부를 돈벌이 수단으로 삼으면서, 교인들의 선행을 유도하려던 제도가 점차 변질되었다. 16세기 종교개혁이 일어나는 중요한 원인이 되었다.

　　　　　　　　　　　기술이 바꾼 일상의 역사

구텐베르크 인쇄술로 성경이 대량으로 인쇄되었다. 곧 성경은 성직자만의 책이 아니라 개인이 소유하고 읽는 책이 되었다. 이처럼 인쇄술은 평민들도 글을 통해 신앙과 지식에 접근할 수 있는 길을 열었고, 여성과 노인을 포함한 다양한 계층이 독자가 될 수 있게 했다. 이 그림처럼 노파가 혼자 성경을 읽는 모습은 인쇄술이 보급되기 이전에는 상상하기 어려웠다. 그림은 게릿 도우Gerrit Dou의 〈성경 읽는 노인Old Woman Reading a Bible〉

청의 행태를 비판한 글이었어요. 반박문은 빠르게 복제되어 독일 전역으로 퍼집니다. 인쇄술 덕분이지요.

이후 루터는 대중에게 친숙한 독일어로 번역한 성경을 출판합니다. 기존에 쓰던 라틴어 성경은 일부 학자나 사제들만 읽을 수 있었거든요. 1522년 나온 루터판 신약 성경은 초판 3천 부가 단 석 달 만에 모두 팔렸고, 10년 동안 수십만 권이 팔린 것으로 추정됩니다. 누구나 원한다면 성경을 읽을 수 있게 되면서 종교개혁에 불이 붙었고, 기독교는 구교(가톨릭)와 신교(프로테스탄트)로 나뉘게 됩니다.

이처럼 인쇄술은 소수가 독점하던 지식을 퍼뜨려 기존 세계관을 무너뜨렸습니다. 종교개혁은 단순히 기독교가 둘로 나뉘었다는 사실을 넘어, 세상을 보는 새로운 시야가 나타났다는 의미도 가지거든요. 르네상스로 인해 과학적 사고가 싹트고 천문학, 물리학, 생물학 등 근대 과학도 발전합니다. 인쇄술은 18세기까지 유럽 사회를 바꾸어 갔고, 영국에서 산업혁명이 일어나는 토대를 마련해 줍니다.

산업혁명은 왜 영국에서 일어났을까?

왜 영국에서 산업혁명이 일어났을까요? 2025년 노벨 경제학상을 받은 조엘 모키르Joel Mokyr 노스웨스턴대학 교수는 이 질문에 설득력 있는 답을 제시합니다. 그의 저서 《성장의 문화A Culture of Growth》에 자세히 소개되어 있습니다.

이 책에서 모키르는 유용한 지식을 크게 두 가지로 나눕니다. '명제적 지식Propositional knowledge'과 '처방적 지식Prescriptive knowledge'으로요. 명제적 지식은 왜 그런 현상이 일어나는지 설명하는 과학의 원리예요. 쉽게 '이론'이라고 합니다. 반면 처방적 지식은 어떻게 물건을 만들고 조작하는지 알려 주는 지식이죠. 장인이나 발명가가 만든 '기술'이라고 할 수 있습니다.

산업혁명이 일어나기 전에는 이 두 지식을 서로 다른 집단에서 향유했어요. 발명가들은 우연히 처방적 지식을 발견했지만, 물건을 움직이는 과학의 원리는 설명하지 못했어요. 학자들은 자연법칙을 탐구하며 명제적 지식은 얻었지만, 이론을 현실에서 활용하려고는 하지 않았죠.

그런데 17세기부터 유럽에서는 '왜'와 '어떻게'를 함께 묻기 시작합니다. 기술자들은 이론을 바탕으로 기술을 개선했어요. 과학자들도 경험으로 알게 된 기술에 숨은 과학의 원리를 탐구했죠.

영국에서 산업혁명이 일어난 이유 중 하나는 이 두 가지 지식이 만날 수 있는 개방적인 분위기가 형성되어 있었다는 겁니다. 과학자와 기술자들은 커피하우스에서 만나거나 서신을 주고받으면서 자유롭게 생각을 나눌 수 있었습니다. 인쇄술이 발달하면서 논문과 책 출판이 활발해지고, 그렇게 생산된 지식을 공개적으로 검증하는 문화도 나타났죠.

커피하우스

현존하는 가장 오래된 과학 아카데미인 영국 왕립학회Royal society도 17세기에 등장했습니다. 왕립학회는 과학 발전을 위해 몇 명의 학자가 소박한 모임을 만들면서 시작되었죠. 이 모임에는 학자가 아니라도 기술 발전에 기여한 사람이라면 누구나 회원으로 들어올 수 있었

커피하우스

1650년대에 영국 런던에서 처음 생겼다. '페니 대학'으로 불렸다. 신분과 관계없이 누구나 1페니만 내면 입장해 커피를 마시며 정보를 주고받거나 토론을 하거나 사교 활동을 할 수 있는 공공장소였다. 여성 손님은 출입할 수 없었지만, 커피하우스 운영자가 여성인 경우는 종종 있었다.

17세기 런던의 커피하우스 내부를 묘사한 그림. 가장 큰 특징은 중앙에 놓인 긴 목재 탁자다. 귀족, 상인, 학자, 기술자 등이 계급 구분 없이 여기에 뒤섞여 앉아 자연스럽게 교류했다. 벽면에는 손님들을 위한 다양한 읽을거리가 붙어 있다. 입구 쪽 바bar는 커피하우스 운영자가 지켰다. 운영자는 커피를 내리고 돈을 받을 뿐 아니라 내부에서 유통되는 정보와 인맥을 관리하는 역할도 맡았다.

습니다. 증기기관을 개량한 엔지니어 제임스 와트James Watt도 회원이었습니다.

　또 영국은 '특허권'을 법으로 확실히 보장해 주었습니다. 발명가들은 자기 아이디어나 기술이 도용될 염려 없이 보호받고 획기적인 발명을 하면 경제적 이득도 얻을 수 있었어요. 그렇다 보니 자연스레 발명이 많아졌죠. 또 특허를 받은 사람들은 그 기술을 공개했는데 이 기술을 보면서 다른 기술자들이 영감을 얻을 수 있었어요. 이처럼 영국에서는 완전히 새로운 원리나 기술이 등장하는 큰 발견과

이것을 점진적으로 개선하는 작은 발견이 끊임없이 일어났죠. 크고 작은 발견이 모여 산업혁명이라는 거대한 전환이 일어날 수 있었던 겁니다.

뒤처진 동아시아

한편 중국을 비롯한 동아시아는 17세기만 해도 유럽보다 경제적으로 훨씬 앞서 있었는데도 산업혁명의 토대를 마련하지 못했습니다. 왜일까요? 18세기 청나라는 인구 3억 명의 대국이었습니다. 지금으로 치면 국내총생산GDP이 당시 세계 경제의 30퍼센트 이상을 차지할 정도였고요. 고대부터 종이, 인쇄술, 화약, 나침반 등을 발명할 만큼 기술력도 뛰어났습니다.

하지만 청나라에서는 학문이 기술 혁신으로 연결되는 통로가 막혀 있었어요. 과거 제도로 선출된 관료들이 학문 활동을 독점했기 때문이죠. 기술자와 상인들이 사회적으로 대우받지 못했습니다. 청나라는 자신들이 세계의 중심이라는 중화사상中華思想 시각과 강력한 중앙 집권 체제를 유지하고 있었는데, 둘 다 혁신보다는 안정을

중앙 집권 체제
최고 권력자(왕 또는 중앙정부)가 국가의 모든 중요한 정책을 결정하거나 실행하는 체제다.

추구하는 것이었습니다. 조선 사회도 이와 크게 다르지 않았습니다. 아시아에서 산업혁명이 일어날 수 없던 배경입니다.

모키르는 책에서 아이디어를 자유롭게 주고받고, 새로운 아이디어와 변화에 개방적인 사회가 혁신을 주도한다고 강조합니다. 17세기 영국처럼 말이지요. 기술은 혁신이 일어나기 위한 하나의 요소에 불과합니다. 혁신은, 이론과 기술을 연결하기 위해 지식을 공유하고, 새로운 시도를 반기는 문화에서 꽃을 피웁니다.

2장

지치지 않는
기계의 등장

1차 산업혁명

증기기관

기차와 철도

강철

다이너마이트

산업 도시

육체노동을 대체하라, 증기기관

인류의 숙제 중 하나는 안정적인 동력원을 얻는 일이었습니다. 인류는 그런 동력원을 찾기 전까지 오랫동안 인간, 동물 같은 생물의 힘이나 바람, 물 같은 자연의 힘에 의지할 수밖에 없었습니다. 이런 동력원은 한계가 명확했습니다. 생물은 쉽게 지치고, 자연은 마음대로 통제할 수 없었으니까요. 이런 한계를 극복한 최초의 동력원이 바로 증기기관입니다. 석탄이라는 연료만 충분하다면, 증기기관은 언제 어디서나 강력한 동력을 끊임없이 제공할 수 있었습니다. 증기기관이 인류를 최초의 산업혁명에 이르게 한 가장 중요한 기술로 꼽히는 이유입니다.

무한대의 힘

증기기관이라는 아이디어를 처음 생각해 낸 사람은 영국의 기술자 토머스 세이버리Thomas Savery입니다. 1698년 세이버리는 관련 특허를 받고 1702년 《광부의 친구; 또는 불로 물을 끌어올리는 엔진The Miner's Friend; or, An Engine to Raise Water by Fire》이라는 책을 냅니다. 증기기관으로 광산 내부의 물을 빼내는 펌프를 만들 수 있다고 생각한 것이지요. 1712년 영국의 발명가 토머스 뉴커먼Thomas Newcomen은 이를 응용해 증기기관(뉴커먼 엔진)을 만듭니다. 이 증기기관은 광산에서 제한적으로 쓰였을 뿐 일상으로 들어오지는 못했습니다. 사용하기 불편한 데다 석탄을 어마어마하게 소비하는 등 여러 문제를 안고 있었거든요.

증기기관을 '산업혁명의 엔진'으로 성공시킨 사람은 그 유명한 스코틀랜드 발명가 제임스 와트입니다. 와트가 1769년 발명한 증기기관(와트 엔진)은 뉴커먼의 증기기관보다 작으면서도 무려 4배나 더 큰 힘을 낼 수 있었습니다. 와트는 증기기관을 활용할 수 있는 다양한 장치도 개발합니다. 예를 들어 1781년에는 '해와 행성 기어Sun and planet gear'를 개발했는데, 이 기어는 상하 운동을 회전 운동으로 변환하는 장치였습니다. 이 장치를 이용하면 바퀴를 움직일 때 증기기관을 쓸 수 있었죠.

도시로 온 공장

뉴커먼의 증기기관과 달리 와트의 증기기관은 좁은 곳에서도 충분히 작동할 수 있었어요. 초기에 증기기관은 주로 광산에서 쓰였는데, 와트의 증기기관은 좁은 공간에서도 쓸 수 있어 공장에서 쓰입니다. 와트 증기기관의 또 다른 장점은 날씨와 무관하게 한결같이 돌아가고, 아무리 큰 기계라도 가동할 수 있었다는 겁니다. 당연히 공장에서는 생산성이 크게 높아졌지요.

증기기관이 일으킨 변화 중 하나는 공장을 어디에나 지을 수 있게 했다는 점입니다. 증기기관이 생기기 전 영국에서는 물, 바람, 가축 등을 동력원으로 썼습니다. 특히 공장에서는 물이 위에서 아래로 떨어지는 힘인 수력을 이용해 방적기(실을 만드는 기계), 방직기(실을 이용해 천을 짜는 기계)를 움직였어요. 그래서 공장을 하천 근처에 만들 수밖에 없었습니다. 그런데 증기기관이 이런 제약을 없애 준 것이지요.

증기기관은 이동 수단도 크게 바꾸어 놓았습니다. 1804년 영국의 발명가 리처드 트레비식Richard Trevithick은 증기기관차를, 1807년 미국의 발명가 로버트 풀턴Robert Fulton은 증기선을 만들었습니다. 이 증기선은 미국 뉴욕의 허드슨강을 오가는 정기 노선에 투입되었죠.

이처럼 증기기관은 18세기 산업혁명을 일으킨 가장 중요한 기술

증기기관이 널리 보급되기 이전까지 공장들은 주로 강가에 세워졌다. 공장을 돌리는 동력으로 수력(물의 힘)을 사용했기 때문이다. 이후 증기기관이 본격적으로 활용되면서 도시 안과 주변에 공장들이 세워지기 시작했다. 이런 흐름 속에서 자연스럽게 산업 도시가 형성되었다. 이 그림은 산업혁명 시기 섬유 공장 내부를 묘사한 그림

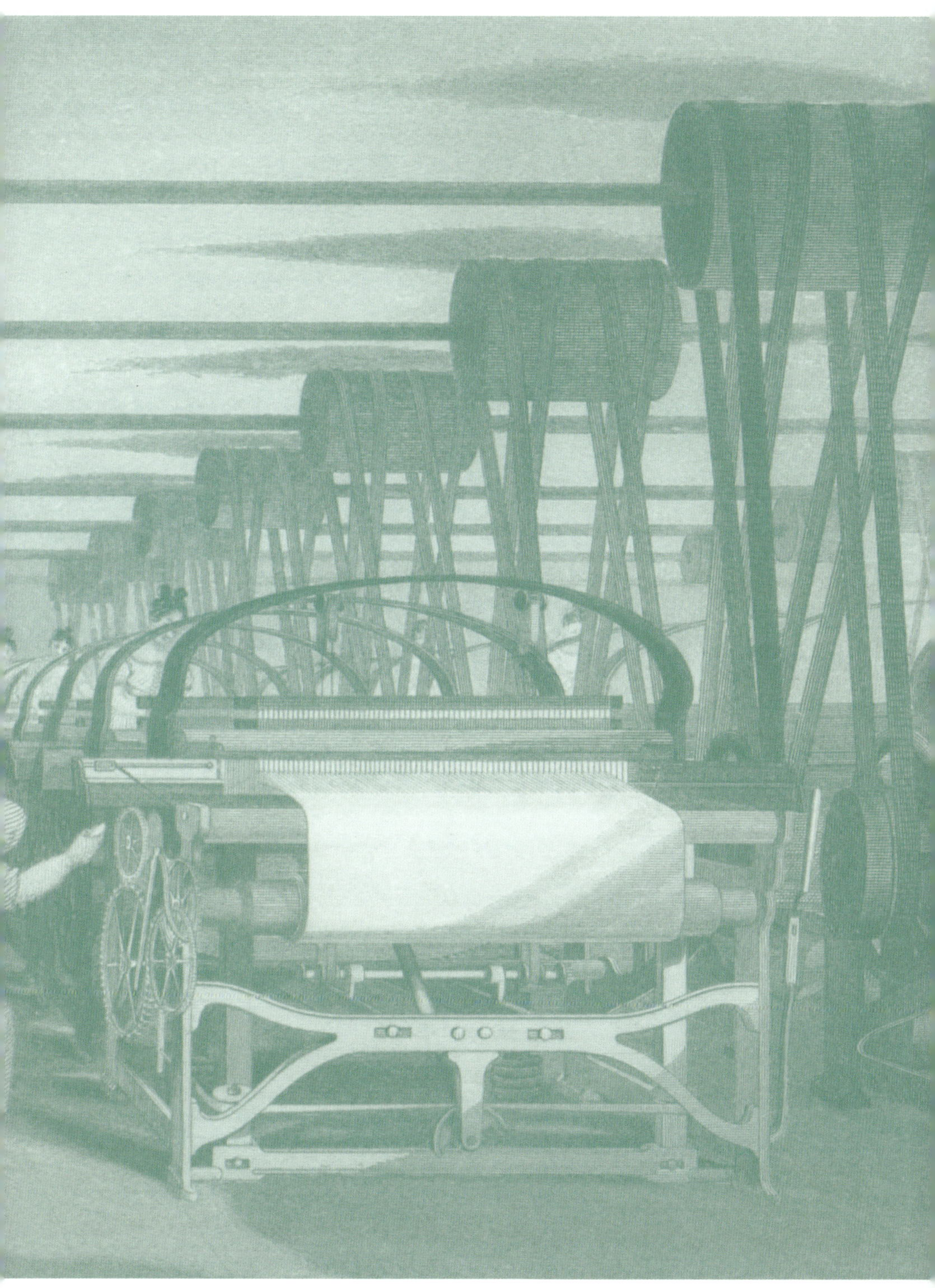

입니다. 단순히 기계를 움직이는 동력원을 넘어서, 상품을 생산하고
운송하는 방식을 바꾸고 산업 도시를 만드는 데도 결정적인 역할을
했기 때문이죠.

기술의 쓸모를 알려라!

끊임없이 새로운 기술과 발명품이 쏟아져 나옵니다. 그런데 일상으로 들어온 기술은 생각보다 많지 않습니다. 대다수 기술이 조용히 사라집니다. 기술을 개발하는 일만큼 기술의 쓸모를 소비자들에게 알리는 일이 중요한 이유입니다.

제임스 와트는 이런 사실을 꿰뚫어 본 것일까요. 증기기관의 '쓸모'를 열심히 알렸거든요. 18세기 이전 영국에서는 광산에서 물을 퍼 올리거나 방앗간에서 곡식을 빻을 때 말을 동력원으로 활용했어요. 와트는 실험을 통해 말이 낼 수 있는 힘을 측정했습니다. 말 1마리가 약 1만 5천 킬로그램의 물체를 1분에 약 30센티미터 들어 올리는 힘을 '1마력'으로 정의합니다. 그는 이 기준을 이용해 증기기관의 힘을 설명했습니다. "이 엔진은 10마력입니다. 다시 말해, 말 10마리가 내는 것과 같은 힘을 낼 수 있습니다"는 식으로 말이지요. 그제야 사람들은 증기기관의 성능을 이해했다고 합니다.

참고로 '마력'이라는 단위는 지금도 자동차 등에 탑재된 엔진 성능을 표현할 때 종종 쓰입니다. 증기기관을 비롯한 엔진의 힘을 나

타내는 국제단위는 와트w인데, 짐작하겠지만 제임스 와트 이름에
서 따온 겁니다. 1889년 영국 왕립학회에서 증기기관 발전에 크게
기여한 와트를 기리기 위해 쓰기 시작했다고 합니다.

산업 발전의 뼈대, 강철

인류 역사를 구분할 때 자주 쓰는 방법이 어떤 소재로 만든 도구를 주로 사용했느냐죠. 석기시대, 청동기시대, 철기시대처럼 말입니다. 산업혁명이 일어나는 데 큰 역할을 한 소재 중 하나가 강철입니다. 여기선 철에 대해 말해 보려고 합니다.

기원전 2000년경 아나톨리아(소아시아) 지역에 자리 잡았던 히타이트 왕국이 최초로 철을 야금하는 기술을 개발했어요. 이때부터 철기시대가 막을 올립니다. 야금은 광석에서 금속을 추출하고 정제해 순수한 금속이나 합금 형태로 만드는 과정을 말합니다.

철은 다음과 같은 과정을 거쳐 만들어집니다. 먼저 철광석을 아주 뜨겁게 가열해 쇳물을 만드는 제련을 합니다. 이대로 쇳물을 거푸집에 넣고 모양을 내면 주철(무쇠)이 되는데, 주철은 탄소 함유량이 높아 단단하지만 잘 부러져요. 강도 높은 철이 필요하다면 쇳물에서 탄소를 제거하고 규소·인·황 같은 불순물도 빼내야 합니다. 이 과정을 제강이라고 해요. 탄소 양을 알맞게(보통 2퍼센트 이하) 조절하면, 잘 휘고 튼튼한 강철을 만들 수 있습니다.

철제 농기구

인류는 좋은 품질의 철을 만들기 위해 끊임없이 시도했죠. 히타이트 사람들은 쇠를 달군 뒤 두드리는 방식으로 철기를 만들었습니다. 기원전 5세기 중국 춘추전국시대에 용광로를 이용해 철을 제련한 뒤 거푸집으로 모양을 내는 방법이 나옵니다. 기원전 3세기 한나라에서는 탄소 함유량을 조절해 철의 강도를 높이는 방법을 개발합니다. 한나라의 제철 기술은 고구려, 백제, 신라, 가야 등이 치열한 경쟁을 벌이던 한반도에도 전해졌어요.

철기가 보급되면서 인류의 삶은 크게 바뀝니다. 가장 큰 영향을 받은 분야가 농업입니다. 농부들은 돌과 청동으로 만들었던 이전 농기구를 강하고 튼튼한 철제 농기구로 빠르게 바꾸어 나갔죠. 철제 농기구는 기존보다 더 깊이 논밭을 갈았을 뿐 아니라 척박해서 농사를 짓지 못하던 땅까지 개간할 수 있는 일을 열었습니다. 작물 수확량이 늘어난 건 굳이 말할 필요가 없겠죠.

철은 전쟁 모습도 바꾸어 놓았습니다. 철은 청동보다 구하기 쉽고

기술이 바꾼 일상의 역사

날카롭고 단단해, 군대를 대규모로 강력하게 무장시킬 수 있었죠. 철기로 무장한 군대는 거대한 영토를 차지한 강력한 제국이 탄생하는 기반이 되었습니다.

강철의 대량 생산

제철 기술은 18세기에 전환점을 맞이합니다. 당시 유럽에서는 철광석을 제련하는 용광로 온도를 높일 때 나무로 만든 숯을 썼습니다. 숯 2톤을 생산하려면 나무가 무려 9톤이나 필요했죠. 영국은 나무가 부족해 제철 산업이 침체하기 시작했습니다. 영국의 공학자 에이브러햄 다비Abraham Darby는 나무와 숯을 대체할 연료를 찾느라 고심했습니다. 1709년 마침내 코크스Coke를 떠올리죠. 코크스는 석탄을 고온으로 가열하면 얻을 수 있는 탄소 덩어리예요. 영국에는 석탄이 풍부하게 매장되어 있었습니다. 다비는 용광로에 숯 대신 코크스를 연료로 넣어 철광석을 제련하는 방법을 생각해 냅니다.

1855년에는 영국의 기술자 헨리 베세머Henry Bessemer가 '베세머 제법'을 발명해 특허를 받습니다. 쇳물에 찬 공기를 불어 넣어, 탄소와 불순물을 순식간에 제거하는 기술이에요. 베세머 제법은 강철 생산 속도를 획기적으로 높였습니다. 과거에는 강철 수톤을 만들려면 하루가 꼬박 걸렸다면, 베세머 제법이 도입된 이후에는 단 20분 정도

크리스털 팰리스. 1851년 런던 만국 박람회를 위해 지어진 철과 유리로 만든 거대한 건축물 이름이다. 1851년 런던 하이드 파크에 건설되었다가 이후 런던 남부 시든햄 힐로 이전되었으나, 1936년 화재로 소실되었다. 영국의 축구 클럽 '크리스털 팰리스 FC' 이름 역시 이 건축물에서 따온 것이다. 그림은 조지프 내시Joseph Nash가 그린 〈하이드 파크의 크리스털 팰리스 The Crystal Palace, Hyde Park, London, 1851〉이다. 만국 박람회를 기념, 홍보하기 위해 제작된 수채화다.

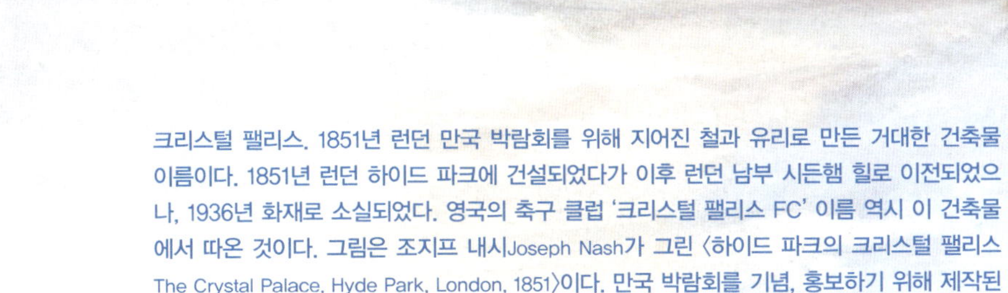

면 충분했습니다. 이 제법은 지금도 널리 쓰입니다.

좋은 품질의 강철이 대량으로 쏟아져 나오자, 산업이 급속도로 성장합니다. 기계를 만들고, 높은 빌딩을 짓고, 무거운 물자를 실어 나를 선박을 만들고, 튼튼한 자동차 등을 만들었지요. 1779년 영국에서는 세계 최초로 주철로 만든 다리인 아이언 브릿지The Iron Bridg를 건설했습니다. 19세기에는 프랑스의 에펠탑, 영국의 크리스털 팰리스Crystal Palace 같은 철골로 만든 건축물도 세워집니다.

 **주철**

주철과 강철의 가장 큰 차이는 탄소 함유량이다. 주철이 탄소 함유량이 훨씬 높다. 탄소 함유량이 높을수록 더 단단한 반면 깨지기도 쉽다. 주철은 주로 맨홀 뚜껑·가마솥·기계 부품·배관 등에 쓰이고, 강철은 건축 구조물·자동차·선박·공구·각종 기계 부품 등에 광범위하게 쓰인다.

기술이 바꾼 일상의 역사

한국 산업화의 기틀을 닦은 종합제철소

한국에서는 1차 산업혁명이 유럽보다 200년 늦게 일어났죠. 1960년대가 되어서야 서서히 농업에서 제조업으로 주력 산업이 바뀌기 시작했으니까요. 이 과정에서 강철은 든든한 버팀목이 되어 주었습니다.

1950년대 한국은 여전히 농업 국가에 머물러 있었어요. 일제가 건설한 산업 시설이 일부 남아 있긴 했지만 이마저도 한국전쟁 동안에 파괴되어 버렸죠. 박정희 정부에서 1962년 경제개발 5개년 계획을 야심 차게 시작했지만, 이를 뒷받침해 줄 철강은 거의 생산하지 못하는 상황이었어요.

박정희 정부는 종합제철소를 건설하는 데 모든 에너지를 쏟아붓습니다. 종합제철소는 철광석을 녹이는 제련부터 강철을 만드는 제강까지 모든 공정을 한곳에서 할 수 있는 시설이죠.

정부는 1965년 일본에서 받은 대일 청구권 자금을 투입해 제철소를 건설하기로 합니다. 우여곡절 끝에 1973년 포항제철소 제1기 설비가 완공되면서 한국 경제는 도약할 발판을 마련합니다. 한국은 이

포스코(옛 포항종합제철)는 1970년대 이후 안정적인 철강 공급으로 자동차·조선·건설 등 중화
학공업이 성장할 토대를 마련했다. 사진은 광양제철소에서 쇳물 만드는 공정

제 철강 제품을 수입에 의존하지 않고 조달할 수 있게 됩니다. 좋은 품질의 철강 제품은 자동차, 선박 등을 생산하는 핵심 재료가 되었죠. 한국은 중화학공업 단계로 진입해 괄목할 만한 경제 성장을 이룰 수 있었습니다.

하지만 대일 청구권 자금을 제철소 건설에 투입한 결정은 여전히 논란이 되고 있습니다. 당시 박정희 정부는 제철소 건설을 위해 미국, 서독 등 다른 나라들로부터 차관을 도입하려 했지만 뜻을 이루지 못합니다. 이런 상황에서 일본으로부터 자본을 제공받을 기회가 생긴 것이지요. 그러나 이런 배경을 고려하더라도, 국가가 본디 일제 강점기 피해자들에게 써야 할 보상금을 다른 일에 썼다는 것은 비판받아야 합니다. '압축 성장'의 성과 이면에 개인의 희생이 드리워져 있다는 사실을 명심해야겠습니다.

대일 청구권 자금

1965년 한국과 일본은 다시 일반적인 외교 관계를 맺는다는 '한일기본조약'을 맺고, '한일청구권협정'도 함께 체결했다. 한일청구권협정에는 일제 강점기에 한국이 입은 피해를 배상하고, 경제 협력을 강화하는 차원에서 일본이 대일 청구권 자금을 제공한다는 내용이 담겼다. 그 결과 한국은 일본에서 무상 자금 3억 달러, 정부 차관 2억 달러, 민간 차관 3억 달러를 받았다. 다만 피해 배상이 완전히 끝났는지를 두고 한국과 일본 두 나라는 지금도 의견이 갈리고 있다. 일본은 "모든 의무가 사라졌다"고 주장하는 반면, 한국은 "국가 간 약속으로 개인이 손해배상을 청구할 권리(개인청구권)까지 사라진 것은 아니다"고 맞선다.

대량 수송을 위한
철도와 기차

산업혁명 이전 사람들의 시공간 개념은 지금의 우리와 전혀 달랐습니다. 대부분 사람이 죽을 때까지 태어난 고향을 떠나지 않았어요. 다른 도시나 나라를 방문하려면 최소 몇 달에서 몇 년이 걸렸거든요. 사람들은 자연의 변화에 맞추어 시간을 인식했습니다. 해가 뜨면 일어나 그날의 일을 하고, 해가 지면 집에 돌아가 쉬는 식이었지요. '오전 9시부터 오후 6시까지 일한다'는 것처럼 정확한 시간을 따지지 않았죠.

바뀐 시공간 개념

시공간 개념이 바뀐 건 철도가 등장하면서라고 해도 과언이 아닙

니다. 1804년 영국의 리처드 트레비식은 세계 최초로 철로를 달리는 증기기관차를 선보입니다. 제임스 와트가 만든 증기기관을 기차에 적합한 동력원으로 개량했죠. 그리고 레일을 깔아 마찰을 줄이면 무거운 화물과 사람을 나를 수 있다는 걸 보여 줬지요. 이런 노력에도 상업적으로는 쓴맛을 보았습니다. 트레비식의 증기기관차 문제라기보다는 인프라가 받쳐 주지 못한 탓이 컸죠. 트레비식은 레일을 주철로 만들었는데 주철이 증기기관차의 무게를 감당하지 못했거든요.

1825년 조지 스티븐슨_{George Stephenson}은 증기기관차와 레일을 개량해 열차를 처음 운행합니다. 비록 짧은 구간(영국의 스톡턴-달링턴)이긴 했지만요. 증기기관차와 열차가 어떻게 다른지 궁금할 분들도 있을 텐데요, 증기기관차는 증기의 힘으로 철로를 달리는 동력차를 의미합니다. 열차는 증기·디젤·전기 등으로 움직이는 동력차에 여러 객실과 화물칸을 줄지어 연결한 형태를 가리키고요. 스티븐슨은 5년 뒤인 1830년 세계 최초로 도시 사이(리버풀-맨체스터)를 오가는 철도도 개통합니다. 운하로는 12시간, 마차로는 며칠 걸리는 곳을 2시간 만에 오갈 수 있게 한 겁니다. 철도는 인간이 기계의 힘으로 이동하는 시대가 왔음을 세상에 알렸습니다.

이런 철도 시대를 열어젖힌 주역 역시 앞에서 소개한 강철입니다. 베세머 제법이 강철을 대량으로 생산할 수 있게 해서 강철 가격이 싸진 거지요. 1873년 미국에서 톤당 약 100달러였던 철로용 강철

철도는 이동 시간을 예측할 수 있게 했다. 공간을 자연의 장벽이 아니라 관리, 계획할 수 있는 영역으로 바꾼 것이다. 그 결과 대량 운송, 전국 시장, 표준시, 산업 분업, 국가 행정이 가능해졌다. 사진은 바이칼 호수를 지나는 시베리아횡단열차. 열차 앞에 신호원들이 있다. 초기 철도에는 자동 신호, 통신 시스템이 없어 열차의 접근과 선로 상태를 사람이 직접 눈으로 확인해야 했다. 신호원은 앞 선로가 비어 있는지 확인하고, 선로 전환기를 수동으로 조작하며 깃발·팔 신호·램프로 기관사에게 정지 혹은 진행을 알렸다.

가격이 1890년대에는 18달러 수준으로 떨어졌으니까요. 강철이 무거운 것을 잘 견디니 열차는 더 크고 길어졌습니다. 열차가 한 번에 더 많은 화물과 승객을 실어 나를 수 있게 되었다는 뜻이죠. 철도를 잘 운영하면 큰돈을 벌 수 있다는 인식도 생깁니다.

그러자 전 세계에 장거리 노선이 깔리기 시작합니다. 1869년에는 미국 동부와 서부를 잇는 대륙횡단철도가, 1916년에는 러시아 모스크바와 블라디보스토크를 잇는 시베리아횡단열차가 완공되었죠. 유럽 전역에도 철도망이 거미줄처럼 깔렸고요.

표준시

장거리 노선은 사람들의 시간 개념을 바꾸었어요. 그때까지만 해도 사람들은 해가 가장 높이 뜨는 시간을 정오라고 생각했어요. 이렇다 보니 도시마다 정오가 제각각이었죠. 그럼에도 사람들은 불편해하지 않았어요. 다른 도시를 갈 일이 거의 없었으니까요. 그런데 대륙을 가로지르는 철도가 생긴 겁니다. 도시마다 들쭉날쭉한 시간 때문에 승객들이 열차를 놓치거나 열차끼리 충돌하는 사건이 벌어졌죠. 영국은 기준이 될 표준시 즉, 그리니치 표준시GMT, Greenwich Mean Time를 도입합니다. 그리니치는 1675년에 세워진 영국 왕립 천문대 이름인데요, 이곳에서 천체 관측을 통해 잰 것이 기준 시간이

　　　　　기술이 바꾼 일상의 역사

되었죠.

　그리니치 시간을 먼저 활용한 것은 선박들이었습니다. 대항해 시대였으니 선원들은 자신들이 바다에서 어디에 있는지 아는 것이 중요했거든요. 그래야 정확하게 항해할 수 있으니까요. 1840년대부터 철도 회사들도 그리니치 표준시를 채택합니다. 1880년 영국 정부는 마침내 그리니치 표준시를 법적 표준시로 지정합니다. 1884년에는 미국 워싱턴에서 25개국 대표들이 모여 그리니치 표준시를 국제 표준시로 정하죠. 현재는 이전보다 더 정밀한 원자시계로 측정하는 **협정 세계시**UTC, Universal Time Coordinated를 사용하는데, 협정 세계시도 따지고 보면 그리니치 표준시에 뿌리를 두고 있어요. 시간 개념이 새롭게 설정되면서 사람들은 1분 단위로 시간을 따지며 살게 되었지요.

　열차와 철도는 산업혁명의 속도를 올리는 엔진이었습니다. 기업들은 지역 단위가 아닌 전국 단위로 시장을 확장할 수 있었습니다. 그뿐인가요. 싸고 질 좋은 재료를 구해 생산을 한 뒤 전국으로 완제품을 유통할 수 있게 됐죠. '규모의 경제' 효과로 인해 이전보다 싸게

협정 세계시

현재는 이전보다 더 정밀한 원자시계로 측정하는 협정 세계시를 사용한다. UTC는 미국·영국·프랑스·독일·일본·중국·한국 등 세계 여러 나라에 분산된 원자시계의 시간 데이터를 모아 계산한 '국제적 기준 시간'이다. 이 시간은 국제기구인 국제도량형국BIPM이 산출, 관리하고 공표한다. UTC는 눈으로 볼 수 있는 특정 시계나 장소는 없지만, 위성·인터넷·휴대전화·항공·GPS 등 현대 기술에서 시간을 맞추는 공통 규칙으로 사용된다.

철도가 본격적으로 운영되기 전에는 각 도시가 태양의 위치에 따라 서로 다른 지방시를 사용했다. 그러나 장거리 열차를 시간표에 맞춰 안전하게 운행하려면 공통된 시간이 필요했기 때문에, 철도 회사들이 표준시를 가장 먼저 실무적으로 도입했다. 이들은 역의 시계와 시간표를 통해 표준시를 널리 퍼뜨렸고, 그 결과 표준시는 사회 전반의 시간 기준으로 자리 잡게 되었다. 사진은 그리니치 왕립 천문대 입구에 걸려 있는 셰퍼드 게이트 시계. 이전의 시간 기준인 그리니치 평균시를 보여 주던 시계다. 현재는 UTC가 시간 기준이다.

팔 수 있었고요. 규모의 경제는 기업이 제품을 많이 만들수록 단위당 생산 비용이 낮아지는 효과를 말합니다.

식품 산업도 성장합니다. 기업들은 교외에서 생산된 농산물과 유제품을 빠르게 도시로 가져와 제품을 만들어 냈습니다. 농산물만 이동할 수 있었던 것이 아닙니다. 노동자들도 일자리를 찾아 지역을 넘나들 수 있게 되었죠. 기업과 노동자가 늘어나면서 자연스럽게 산업 도시가 형성되었습니다.

악용된 신기술

그런데 모든 사람이 열차와 철도를 환영한 것은 아닙니다. 제국주의 국가들은 열차, 철도 등 새로운 기술을 착취 수단으로 악용했으니까요. 멀리 갈 것 없이 일제 강점기에 우리가 겪은 일을 떠올려 봅시다. 우리나라 최초의 철도는 경인선입니다. 인천의 제물포와 경성(서울)을 오갔죠. 경인선은 1899년 일제 자본으로 건설되었습니다. 일제는 경인선을 비롯한 열차와 철도 등을 우리의 쌀과 물자 등을 빼앗

제국주의 국가

강력한 군사력과 경제력을 바탕으로 다른 나라나 지역을 정치, 경제적으로 지배하고 영토까지 빼앗으려는 국가를 말한다. 19세기 말에 공업이 빨리 발달한 영국, 프랑스, 독일, 미국, 일본 같은 나라들이 대표적인 제국주의 국가다.

아 나르는 데 이용했습니다.

비슷한 일이 인도에서도 벌어졌어요. 영국은 19세기 중반부터 인도에 철도망을 광범위하게 깔았습니다. 이 철도망을 이용해 철광석, 차, 목화 등 인도의 자원을 영국으로 퍼 날랐죠. 자신들이 만든 공산품은 인도 전역으로 뿌리다시피 했고 말이지요. 이런 과정을 통해 영국은 인도가 경제적으로 자립할 싹을 아예 잘라 버렸습니다.

이처럼 새로운 기술은 성장의 엔진이 될 수도, 착취의 도구가 될 수도 있습니다. 기술로 세상을 어떻게 바꿀지 결정하는 건 인간이란 점을 다시 기억해야겠습니다.

다국적 기업을 만든 다이너마이트

산업혁명은 자연을 대하는 사람들의 태도도 바꾸어 놓았습니다. 이전 사람들은 자연을 비롯해 신이 만든 질서에 순응하면서 살아갔습니다. 산업혁명 이후에는 과학을 통해 자신들이 원하는 대로 자연을 이용할 수 있다고 생각하게 됩니다. 과거에는 상상도 할 수 없던 속도로 자연을 개발해 나가죠. 이런 변화를 일으킨 핵심 기술이 바로 '다이너마이트Dynamite'입니다.

강력한 폭약

9세기 중국 당나라에서 화약이 처음 발명되었죠. 연금술사들이 불로장생약을 만들다 우연히 폭발 현상을 보면서 화약을 만들게 되었

다고 하네요. 당나라의 화약 만드는 기술은 실크로드를 통해 세계로 퍼져 나갔습니다. 화약은 꽤 오랫동안 조총, 대포 등 전쟁 무기에 쓰였습니다.

화약 만드는 기술을 크게 발전시킨 사람 중 하나가 이탈리아 화학자 아스카니오 소브레로Ascanio Sobrero입니다. 그는 1847년경 기존 화약보다 폭발력이 훨씬 강한 니트로글리세린을 처음으로 합성합니다. 니트로글리세린은 작은 충격, 마찰 또는 온도 변화에도 매우 민감하게 반응하여 폭발하는 위험한 액체였습니다. 이 때문에 소브레로는 니트로글리세린의 상업적 사용을 망설였습니다. 오히려 그 위험성을 경고했지요.

스웨덴 사업가 알프레드 노벨Alfred Nobel의 생각은 달랐습니다. 노벨은 안전하게 사용할 방법을 찾는다면 니트로글리세린이 상업적으로 성공을 거두리라고 확신합니다. 노벨은 가족 소유의 폭약 공장에서 동생이 니트로글리세린 폭발 사고로 죽는 등 여러 시련을 겪으면서도 개발에 매진합니다. 1867년 마침내 니트로글리세린을 규조토에 흡수시킨 다이너마이트를 발명하지요. 다이너마이트는 고체 상태라서 안전하게 운반할 수 있을 뿐 아니라 폭발력을 정확하게 제어할 수 있었습니다.

노벨이 살았던 19세기는 산업혁명이 절정에 이른 시기였어요. 새로운 광산을 개발하고 철도, 도로, 운하, 터널 등 대규모 기반 시설을 건설하려고 다들 난리였습니다. 이 일들을 하려면 먼저 단단한 암반을 깨고 산맥을 뚫어야 하는데, 그게 어디 쉬운 일이었겠습니까. 이런 문제를 단박에 해결해 준 것이 바로 강력한 폭약, 다이너마이트였죠.

다이너마이트는 산업혁명에 날개를 달아 주었습니다. 광산을 개발해 석탄, 철광석 등 원자재 공급을 늘렸고 이로 인해 원자재 가격이 떨어지면서 공장에서는 더 많은 제품을 생산할 수 있었습니다. 또 다이너마이트는 대규모 토목 공사를 벌일 수 있게 해서 일자리를 많이 늘렸습니다.

다국적 기업

노벨은 끈기 있는 발명가이자 수완이 뛰어난 사업가였습니다. 독일 함부르크를 시작으로 해서 세계 20여 국가에 다이너마이트 공장과 연구소를 세웁니다. 1886년 '노벨 다이너마이트 트러스트사'라는 지주회사를 세운 후 해외 사업장들을 자회사로 둡니다. 지주회사는 여러 자회사의 지분을 소유한 회사로, 자회사들의 사업 활동을 지배하고 관리합니다. 쉽게 말해 노벨은 세계 최초로 다국적 기업을 만든 것이죠.

노벨이 다국적 기업을 만든 이유는 무엇일까요. 오늘날에도 무기, 선박 등 안보에 영향을 줄 수 있는 물자는 각국 정부의 강력한 수출 규제를 받아요. 노벨이 살았던 시대에도 그랬습니다. 다이너마이트는 언제든 무기로 변신할 수 있어, 노벨은 법적 제약과 정치적 위협을 아주 심하게 받았습니다. 또한 당시에는 국가마다 특허법이 달랐고, 국경을 넘나드는 무역을 할 때 관세도 많이 물어야 했습니다.

노벨은 특허권을 보호받기 위해 여러 나라에 기업을 세웠습니다. 각 나라 현지에서 제품을 생산해 수출 규제와 관세도 피할 수 있었습니다. 노벨의 회사들은 이윤을 많이 남겼고, 노벨도 억만장자가 됩니다. 노벨이 고안한 다국적 기업은 현대로 이어졌습니다.

노벨상

하지만 다이너마이트는 노벨이 전혀 생각지도 못했던 문제를 일으킵니다. 공장이나 공사 현장에서 일하던 노동자들이 다이너마이트가 터져 쿡하면 목숨을 잃은 겁니다. 사람들이 다이너마이트로 자연을 마구잡이로 개발하다 보니 환경도 파괴되었습니다. 그뿐인가요. 강력한 폭발물은 대량 살상 무기 개발로 이어졌습니다.

노벨 개인에게도 충격적인 사건이 일어나죠. 1888년 한 프랑스 신문에 〈죽음의 상인이 죽었다Le marchand de la mort est mort〉는 제목의 부고 기사가 실립니다. 노벨의 형 루드비그 노벨이 사망했는데 기자가 노벨이 사망한 것으로 오해했던 겁니다. 기자는 노벨을 혹평했

　　　　　　　　　　　　　　　기술이 바꾼 일상의 역사

다이너마이트는 원래 건설 현장에서 주로 사용되었으나 점차 치명적인 무기로 쓰이기 시작했다. 이 그림은 1892년 파리 봉장팡 거리 경찰서에서 일어난 다이너마이트 폭발 사건을 묘사한다. 카르모 탄광 노동자들이 벌인 파업이 강경 진압되자, 한 아나키스트가 탄광 회사에 폭탄 소포를 보낸다. 이를 수상히 여긴 회사가 소포를 경찰서로 옮겼고, 경찰서에서 개봉되는 과정에서 폭발했다. 경찰관 5명과 기술자 1명이 사망했다.

습니다. 다이너마이트를 발명해 더 파괴적인 전쟁이 일어나게 했고, 살아서 부를 축적했지만 죽어서는 폭력의 유산만 남겼다고 말입니다. 이 기사를 읽은 노벨은 깊이 반성합니다. 그리고 죽기 전에 이런 유언을 남깁니다. 인류를 위해 애쓴 사람에게 자신의 재산을 주라고 말이지요. 1901년 노벨의 유언에 따라 첫 '노벨상' 시상식이 열렸습니다. 노벨상은 오늘날 세계에서 가장 권위 있는 상이고, 매년 수상자를 선정하고 있습니다.

 기술이 바꾼 일상의 역사

늘어나는 인구는 내게 맡겨, 화학 비료

타노스는 미국의 만화 출판사인 마블 코믹스가 창조해 낸 최강의 악당입니다. 왜 최강이냐고요? 전지전능한 힘을 손에 넣은 후 우주에서 생명체 절반을 사라지게 하거든요. 타노스는 되레 이런 자기 결정이 우주를 구하는 거라고 믿습니다. 무슨 뚱딴지같은 소리일까요?

타노스 논리는 이렇습니다. 생명체가 계속 늘어나면 우주가 더는 버티지 못한다는 거예요. 자원이 고갈되지, 환경 오염은 심해지지, 그렇다 보면 자연스레 우주가 붕괴한다는 것이지요. 생명체 절반이라도 살리려면 나머지를 희생시킬 수밖에 없다는 겁니다.

이런 믿음은 그냥 생긴 것이 아닙니다. 나름 학문적 뿌리가 있습니다. 바로 영국의 인구통계학자 토머스 맬서스Thomas Malthus입니다. 《인구론An Essay on the Principle of Population》은 맬서스의 대표 저서이죠. 1798년 국교회 목사이기도 했던 맬서스는 인구와 빈곤 문제의 상관 관계를 분석한 이 책을 익명으로 세상에 내놓습니다.

《인구론》의 주 내용은 이렇습니다. 인구는 기하급수적(1, 2, 4, 8, 16…)으로 증가하는 반면 식량은 산술급수적(1, 2, 3, 4, 5…)으로 증가해 식량이 인구를 따라잡지 못하니, 빈곤 문제는 해결할 수 없다는 주장입니다. 이런 생각을 '맬서스 함정Malthusian Trap'이라고 합니다.

당시 사람들은 맬서스의 이런 주장이 일리 있다며 끄덕였습니다. 18세기까지 한정된 땅에서 키울 수 있는 작물의 양에는 한계가 뚜렷했거든요. 올해 농사지은 땅은 이듬해 바로 쓸 수 없었습니다. 질소, 인, 칼륨 같은 양분이 부족해 작물이 잘 자라지 못했거든요. 흔히 이런 현상을 '지력이 떨어졌다'고 표현하죠.

인류는 지력을 끌어올리기 위해 다양한 방법을 시도했습니다. 그중 하나가 휴경이에요. 휴경休耕이란 한동안 농지를 쉬게 하는 것인데, 유럽의 중세 시대나 조선시대 초기에 자주 쓰던 방법입니다. 또 다른 방법은 지력이 떨어진 땅에 콩, 팥을 주기적으로 심는 겁니다. 콩, 팥은 공기 중 질소 성분을 땅에 고정해 지력을 회복시키거든요. 인류는 지력이 떨어진 땅에 짚, 풀, 가축 분뇨 등을 발효시켜 만든 거름을 뿌리기도 했습니다. 하지만 이런 방법들로도 인류가 배불리 먹을 만큼의 식량을 확보하지는 못했습니다.

식물에게는 여러 양분 중에서 질소가 가장 중요합니다. 광합성을 하는 엽록소, 식물의 몸체와 효소를 구성하는 단백질, 에너지 대사에 필요한 아데노신삼인산ATP 등을 만들 때 질소가 필요하거든요.

지력을 끌어올린다고 할 때 질소를 먼저 언급하는 이유입니다. 사실 질소는 지구에서 아주 흔한 원소예요. 대기의 무려 78퍼센트를 차지하고 있습니다. 그런데 식물들은 이 질소를 공기에서 바로 얻을 수 없습니다. 물과 함께 뿌리로 흡수해야 합니다. 토양에서 질소 비중이 중요한 이유죠. 화학 비료가 개발되기 전에는 자연에 있는 천연 질소화합물을 비료로 썼어요. 칠레초석은 '하얀 금'이라고 불릴 정도로 귀한 대접을 받았습니다.

암모니아 만들기

20세기 초 인류는 마침내 수천 년간 풀지 못한 숙제를 풀게 됩니다. 식량 부족을 해결할 열쇠를 찾게 되죠. 그 열쇠가 바로 '화학 비료'입니다. 독일의 화학자 프리츠 하버Fritz Haber는 공기에서 얻은 질소와 수소를 이용해 암모니아를 만드는 방법을 알아냈습니다. 그다음 카를 보슈Carl Bosch는 공장에서 많은 양의 암모니아를 만들 수 있게 이 방법을 발전시켰어요. 이 방법은 높은 온도와 높은 압력에서 촉매를 사용해 암모니아를 대량으로 만드는 기술이에요. 이 두 사람의 이름을 따서 이 방법을 '하버-보슈법'이라고 불러요. 이것은 지금도 암모니아를 만드는 가장 중요한 방법이에요. 암모니아가 중요한 이유는 암모니아가 비료로 바로 쓰이거나 다른 비료를 만드는 재료로 사용

화학 비료는 땅에 필요한 영양분을 빠르게 보충해 주어 곡식이 더 많이 자라게 했다. 수확물이 느니 더 많은 사람이 먹고 살 수 있었다. 화학 비료는 인구가 늘어나고, 도시와 산업이 발전하는 데도 큰 영향을 끼쳤다. 사진은 트랙터로 비료를 뿌리고 있는 핀란드 농부들

되기 때문이에요. 화학 비료 덕분에 인류는 휴경 없이 농사를 계속 지을 수 있게 되었습니다. 농업 생산량이 획기적으로 늘어 식량 문제를 해결해 갈 수 있었고요. 하버와 보슈는 각각 1918년, 1931년 노벨 화학상을 받았습니다.

     기술이 바꾼 일상의 역사

녹색 혁명

화학 비료는 녹색 혁명도 일으켰습니다. 녹색 혁명Green Revolution은 1960년대 이후 개발도상국에서 품종 개량, 화학 비료, 농약, 현대 농법 등을 도입해 쌀, 밀 등의 생산을 획기적으로 증가시킨 농업 개혁 운동을 말합니다. 부족한 식량 문제를 해결하는 것이 목표였죠. 녹색 혁명이란 말은 1968년 미국 국제개발처 총재 윌리엄 가우드William Gaud가 처음 사용했습니다. 당시는 냉전 시대여서 공산주의 진영의 적색 혁명Red Revolution에 대비해 만든 말입니다. 식량 생산을 늘려 빈곤 문제를 해결하는 것 또한 다른 형태의 '혁명'이란 것이죠.

농사지을 때 화학 비료, 농약 등을 쓰면서 식량 생산량이 크게 늘었죠. 1900년 약 17억 명이던 세계 인구가 2000년에는 약 61억 명까지 늘어났는데, 인류는 더는 배고픔에 시달리지 않게 되었습니다. 기술 발전을 통해 맬서스 함정을 극복한 것이죠.

농업에서 생산량이 많아지자 다른 산업도 덩달아 발전했습니다. 과거에는 인구 대다수가 식량을 생산하는 데 매달렸지만, 이제는 더 적은 노동력만 투입해도 식량을 충분히 얻을 수 있으니까요. 남는 노동력은 제조업, 서비스업 등 다양한 산업으로 향해 경제 성장을 이끌었습니다.

통일벼 홍보에 나선 박정희 전 대통령. 통일벼는 한국 녹색 혁명의 상징이다. 통일벼는 1970년대에 정부의 대대적인 홍보 아래 널리 보급되었다. 다른 품종에 비해 수확량이 많아 '보릿고개'라는 말을 잊게 했지만, 밥맛이 떨어지고 병해충에 약하다는 문제가 있었다. 또 생산성을 높이려면 화학 비료와 농약을 많이 써야 했다. 이런 문제에 대한 고민이 깊어지고 사람들의 생활 수준도 높아지면서 1990년대 초 거의 사라진다.

도시는 많은 사람이 모여 사는 지역을 말하죠. 인류가 농경 생활을 하면서 형성되기 시작했습니다. 인류는 농사를 짓기 시작하면서 한 곳에 정착했고, 농경 기술이 발달하면서 잉여 생산물이 생겼죠. 농사를 효율적으로 짓기 위해 분업을 했고 그로 인해 여러 직업(장인, 상인, 사제, 행정가 등)도 등장했습니다. 다양한 직업인이 만드는 상품과 서비스를 교환하기 위해 자연스럽게 시장이 형성되었고요.

산업 도시

사람들은 점점 더 아이디어를 주고받고 협력하면서 기술을 발전시켰습니다. 도시로 더 많은 사람이 모여들었습니다. 사회가 복잡해졌

이 그림은 1863년 영국 런던에서 개통된 세계 최초의 지하철 메트로폴리탄 철도를 묘사한 것이다. 지하를 달렸다는 점에서 '지하철'이지, 지금의 전기 지하철과는 많이 다르다. 초기 지하철은 증기기관차가 앞에서 끌고, 뒤에는 기존 철도에서 사용하던 목제 객차가 연결된 형태였다. 벽돌로 만든 터널을 달렸고 연기와 환기 문제가 심각했다. 이런 문제를 해결하기 위해 시행착오를 거듭한 끝에 19세기 말 전기 지하철이 등장했다. 지하철은 산업화로 혼잡해진 도시 교통을 해결하기 위해 건설되었고, 노동자들이 도심과 교외 사이를 이동하는 데 중요한 역할을 했다. 사람들의 생활 반경도 크게 넓혔다.

습니다. 사회를 관리하기 위한 법과 제도, 행정 시스템이 만들어졌습니다. 공공시설, 종교 시설, 방어를 위한 성벽 등이 건설되었죠. 도시는 어느덧 정치, 행정의 중심지가 되었습니다.

근대 이후 산업혁명을 거치면서 도시는 새로운 역할을 맡게 됩니다. 도시가 자본, 노동, 토지가 한곳에 모인 생산의 중심지가 된 것이죠. 이처럼 산업혁명 이후 사람들이 일하러 도시로 모여들면서 형성된 도시를 '산업 도시'라고 해요. 산업 도시는 점점 더 규모를 키워 대도시가 되었습니다.

산업 도시를 만든 것들은 무엇일까요? 앞서 말한 기술들입니다. 증기기관은 석탄만 있으면 어디서든 기계를 돌릴 수 있게 했죠. 강가나 바닷가에 주로 있던 공장들이 점차 도시 안으로 들어와 자리를 잡았습니다. 열차와 철도는 각지에 흩어져 있던 원자재와 일거리를 찾으려는 노동자들을 도시로 실어 날랐습니다. 도시의 공장에서 만들어진 상품들을 빠르게 각지로 운송했고요.

지하철

도시의 환경은 지하철을 탄생시켰습니다. 초기 산업 도시는 밀려드는 인구를 감당하지 못해 늘 혼잡했어요. 일자리를 찾는 사람들과 일하러 가는 사람들이 뒤섞이며 교통 체증과 주택 부족이 심각해

　　　　　　　　　기술이 바꾼 일상의 역사

졌어요. 이런 문제를 해결하기 위해 1863년 영국에서는 세계 최초로 지하철 '메트로폴리탄 철도'를 개통합니다. 법무관 찰스 피어슨 Charles Pearson이 두더지 구멍을 보다 아이디어를 얻었다고 해요. 지하철은 도시 영역을 지상에서 지하로 확장했습니다. 노동자들은 지하철을 타고 일터인 도심과 거주지가 있는 교외를 오갔습니다.

산업 도시에는 재빠르게 건물들이 들어섰습니다. 건물들은 점점 더 높아졌고요. 그렇다 보니 목재, 벽돌 같은 전통 소재로는 건물을 짓는 데 한계가 있었습니다. 새로운 건축 자재가 필요했습니다. 1824년 영국의 벽돌공 조셉 아스프딘Joseph Aspdin은 석회석과 점토를 섞어 만든 콘크리트를 발명합니다. 1875년에는 프랑스의 정원사 조제프 모니에Joseph Monier가 콘크리트가 무게를 잘 버틸 수 있게 강철을 내부에 넣는 공법을 고안해 특허를 받았죠. 철근 콘크리트는 천연 재료에 비해 값이 싸고 손쉽게 원하는 모양을 만들 수 있었습니다. 게다가 강도가 세서 높은 빌딩을 지을 수 있었죠. 콘크리트, 철근 같은 새로운 건축 소재는 산업 도시를 지하뿐 아니라 하늘로까지 팽창시켰습니다.

그레이트 스모그 사건

물론 산업 도시도 밝은 면만 있는 것은 아닙니다. 무엇보다도 환경

오염이 큰 사회 문제였어요. 1952년 영국 런던에서는 '그레이트 스모그Great Smog'가 발생합니다. 스모그는 연기smoke와 안개fog의 합성어로, 앞을 분간할 수 없을 만큼 자욱한 매연을 뜻해요. 이런 스모그에 그레이트great가 붙었습니다. 얼마나 심각했기에 그랬을까요? 12월 5일부터 9일까지 5일간 4천 명이 넘는 사람들이 호흡기 질환으로 사망했습니다. 이후 사망한 사람까지 치면 1만 2천 명이 넘었다고 하네요. 스모그가 너무 짙어 가시거리가 몇 미터에 불과해 도시 기능이 완전히 마비되었고요. 오죽하면 실내 공연장에서도 무대가 보이지 않아 공연이 중단될 정도였다고 합니다. 소들이 질식해 죽는 일까지 생겼고요.

이 스모그가 사람 목숨까지 앗아간 이유는 무엇일까요. 무풍 상태의 고기압이 형성되면서 난방 중인 주택과 가동 중인 공장에서 배출한 막대한 양의 석탄 연기(아황산가스 등)가 런던 상공에 그대로 머물러 있었기 때문입니다. 이 오염 물질들이 짙은 안개와 결합해 강한 산성 스모그를 만들어 냈고, 이것이 사람들의 호흡기에 치명적인 영향을 미친 거죠. 한마디로 런던은 가스실 같은 상태에 있었던 겁니다.

영국 정부는 '평소보다 조금 더 심한 안개'로 치부하며 머뭇거렸고, 이런 대응이 스모그를 대규모 재난으로 키우고 말았습니다. 1956년 영국 정부는 세계 최초로 대기 오염 방지법인 청정 대기법Clean Air Act을 제정합니다.

　　　　　　　　　　　　　　　　　기술이 바꾼 일상의 역사

스모그에 뒤덮인 1950년대 런던 거리. 앞이 거의 보이지 않을 정도라서 경찰이 교차로에서 직접 교통을 통제하고 있다. 영국은 산업혁명이 시작된 곳이면서 산업혁명의 부작용인 환경 오염과 도시 문제를 명료하게 보여 준 나라이기도 하다. 1952년 그레이트 스모그를 겪은 뒤, 영국 사회와 정부는 대기 오염의 심각성을 인식하고 환경 문제에 본격적으로 관심을 기울이기 시작했다.

　그레이트 스모그는 인류가 산업 발전을 통해 다다르고 싶어 하는 것이 무엇인지 돌아볼 계기를 주었습니다. 사람들은 경제 성장도 중요하지만, 삶의 질을 생각하며 지속 가능한 성장을 해야 한다는 반성을 하게 됩니다. 도시는 산업 발전의 무대이기 이전에 많은 사람이 살아가는 삶의 터전이니까요.

기술이 바꾼 일상의 역사

적기조례의 교훈

영국은 증기기관 발명으로 1차 산업혁명을 이끄는 국가가 될 수 있었습니다. 산업혁명으로 많은 부를 쌓았고, 이 부는 대영제국을 건설하는 바탕이 되었죠. 하지만 2차 산업혁명 시기에는 미국, 독일 등에 뒤처졌습니다.

영국이 왜 이렇게 되었는지 살펴보기 전에 먼저 1차 산업혁명과 2차 산업혁명은 어떻게 다른지 잠깐 알아볼게요. 1차 산업혁명은 증기기관, 방적기, 방직기 같은 기계의 발명을 기반으로 농업 중심 사회에서 경공업 중심의 기계 공업 사회로 전환된 시기를 말합니다. 영국에서 18세기 중반 시작되어 19세기 초반까지 이어졌어요. 2차 산업혁명은 전기, 석유, 철강, 화학 분야의 발전과 더불어 대량 생산 체제가 확립된 시기를 말합니다. 미국, 독일 등의 주도로 19세기 후반부터 20세기 초까지 진행되었어요.

안주라는 적

영국은 왜 2차 산업혁명에서 주도권을 잃었을까요? 바로 '선발 주자의 저주'를 일으키는 경로의존성 탓입니다. 경로의존성^{Path Dependency}은 과거에 선택한 방식이나 기술이 시간이 흘러 비효율적이라는 사실이 밝혀졌는데도 관성에 젖어 엔간해선 바꾸지 않으려는 현상을 말합니다. 구체적으로 살펴보면, 엄청난 자본을 쏟아부어 만든 기존 산업이 버티고 있는 국가에서는 기득권자들이 새로운 기술이 등장했을 때 거칠게 저항합니다. 과거에 해 오던 방식을 고수해야 기득권을 잃지 않기 때문이죠. 이런 나라에서는 자본, 노동력 등이 풍부해도 제때에 산업 구조를 바꾸는 데 실패할 수 있습니다. 반면 후발 주자는 선발 주자를 따라잡기 위해 적극적으로 새로운 기술을 수용하려고 합니다. 산업 기반이 전혀 없는 백지상태이기 때문에 후발국에서는 오히려 새로운 산업이 쉽게 자리 잡을 수 있지요.

영국이 다른 나라에 뒤처진 이유를 분석할 때 꼭 등장하는 사례가 있습니다. 바로 적기조례입니다. 1차 산업혁명 당시 영국의 발명가들은 증기기관을 다양한 이동 수단에 적용해 보려 했습니다. 19세기에 증기기관으로 움직이는 자동차도 만들어 내죠. 증기자동차는 마차를 대체할 획기적인 발명품처럼 보였습니다. 시속 30~40킬로미터로 달릴 만큼 빨랐고, 유지비도 저렴했거든요. 다만 초기 기술이 대개 그렇듯, 완성도가 떨어져 크고 작은 사고를 일으켰습니다.

　　당시 영국의 주요 운송 수단은 철도와 마차였습니다. 철도업자들은 비싼 철로를 깔지 않고 일반 도로로 바로 달릴 수 있는 증기자동차의 등장을 경계했어요. 마차 산업에 종사하는 사람들도 자동차가 대중화되면 일자리를 잃을까 봐 두려워했고요. 철도업자들과 마부 조합 등은 정치권에 자동차를 규제해야 한다는 청원을 끊임없이 넣었습니다. 증기자동차가 일으킨 사고들을 근거로 대며 시민들의 안전을 지켜야 한다고 주장한 것이지요. 곧 영국 의회에서는 자동차에 대한 규제들이 쏟아졌습니다. 그중 가장 강력한 법안이 1865년 제정된 적기조례_{Red Flag Act}입니다.

사람보다 느린 자동차!

⚙

적기조례는 자동차 속도를 교외 시속 4마일(약 6.4킬로미터), 도심 시속 2마일(약 3.2킬로미터)로 제한한 법입니다. 지금으로 치면 시속 4마일은 가벼운 조깅 속도이고, 시속 2마일은 공원을 산책하는 속도입니다. 한마디로 자동차 속도가 걷는 속도와 비슷하거나 더 느렸다는 겁니다. 이런 데다 차량 운행을 할 때는 붉은 깃발을 든 사람(기수)이 차량보다 앞서 달려야 했습니다. 기수는 말과 행인들의 안전을 지키기 위해 자동차가 오고 있다는 사실을 사람들에게 소리쳐 알렸습니다. 낮에는 붉은 깃발을 이용했고, 밤에는 붉은 등을 들고 다녔다고 해요. 적기조례는 무려 31년 동안 이어지다 1896년에서야 폐지되었습니다.

적기조례는 어떤 결과를 낳았을까요? 일단 마차는커녕 사람보다 느린 자동차는 더는 사람들의 관심을 받지 못했습니다. 크게 실망한 자동차 산업의 핵심 기술자들이 영국을 떠났고요. 독일, 프랑스, 미국 등 후발 공업 국가들은 영국의 인력과 기술을 적극적으로 받아들였고, 자동차 산업 강국으로 자리 잡았습니다.

물론 후발 공업 국가에서도 자동차 산업을 규제했지만, 영국과 방향이 달랐습니다. 일례로 프랑스는 1893년 세계 최초로 수도인 파리에서 자동차 번호판과 운전 면허를 도입했어요. 이런 규제는 오히려 자동차를 새로운 교통수단으로 받아들이고 안전하게 이용하려는 고민에서 출발했다고 볼 수 있어요.

창조적 파괴

기술 혁신은 단순히 기존 산업에 새로운 산업을 더한다고 해서 이룰 수 있는 것이 아닙니다. 기존 산업이 만들어 둔 질서가 산산조각 나고, 그 자리를 새로운 질서로 채우는 고통스러운 과정을 거쳐야 가능해집니다. 1942년 오스트리아 출신 경제학자 조지프 슘페터Joseph Schumpeter는 자신의 책《자본주의, 사회주의, 민주주의Capitalism, Socialism and Democracy》에서 이런 과정을 '창조적 파괴'라고 정의했습니다.

새로운 산업은 단기적으로 강렬한 저항에 부딪히는 경우가 많습니다. 이런 저항은 종종 지나친 규제로 나타납니다. 새로운 산업 때문에 사라질 일자리와 새로운 산업으로 인한 부작용은 명확히 보이는 반면, 새로운 산업이 만들 일자리와 경제 효과는 당장 눈에 보이지 않기 때문이죠.

적기조례는 우리가 새로운 산업혁명을 어떻게 맞이해야 하는지 생각하게 합니다. 우리는 어떻게 해야 두려움을 떨치고 새로운 질서를 받아들일 수 있을까요. 창조적 파괴 과정에서 일어나는 혼란과 사라지는 일자리 문제는 어떻게 해결해야 할까요. 그럼에도 분명한 사실은 변화를 거부하는 것이 정답은 아니라는 겁니다.

3장

대량 생산
대량 소비의 시대

2차 산업혁명

내연기관 자동차

컨베이어 벨트

석유

플라스틱

전기

세탁기와 재봉틀

멀어도 괜찮아!
내연기관과 자동차

"애들하고 친정집에 다녀올게요."

1888년 8월 5일, 베르타 벤츠Bertha Benz는 이런 쪽지를 남기고 남편 몰래 집을 나섭니다. 남편인 카를 벤츠Carl Benz가 만든 내연기관 자동차 '벤츠 페이턴트 모터바겐Benz Patent-Motorwagen'을 타고 장거리 여행을 떠난 겁니다. 그녀가 이런 행동을 한 이유는 자동차가 여성과 아이도 탈 수 있을 만큼 유용한 교통수단이라는 사실을 널리 알리기 위해서였죠.

베르타 벤츠는 마차가 다니던 도로를 달렸어요. 당시에는 주유소가 없었으니 자동차 연료를 파는 약국에 들러 샀습니다. 가는 곳마다 사람들이 신기해하며 큰 관심을 보였죠. 여성이 운전하는 것을 처음 보았으니까요.

베르타 벤츠는 우여곡절 끝에 독일 만하임에서 106킬로미터를

세계 최초의 실용적인 내연기관 자동차 '벤츠 페이턴트 모터바겐'. 카를 벤츠가 발명했고 1888년 그의 아내가 이 자동차로 장거리 주행에 성공한다. 자동차가 단순한 실험용 기계가 아니라 실제로 사용할 수 있는 '교통수단'임을 입증했다.

달려 친정집이 있는 포르츠하임에 도착합니다. 총 12시간 57분이 걸린 세계 최초의 자동차 장거리 여행이었죠. 이 여행은 내연기관 자동차가 인류의 삶을 바꿀 이동 수단임을 세상에 각인시켰습니다.

19세기까지 산업혁명을 이끄는 동력원은 증기기관이었어요. 증기기관은 공장, 열차, 선박 등 거대한 구조물을 움직이는 데 널리 쓰였습니다. 다만 작고 가볍게 만들기 어렵다는 한계가 있었죠. 열효율(엔진, 터빈 등의 열기관이 받은 열에너지 중 실제로 유용한 일로 변환된 비율)도 10퍼센트 미만으로 매우 낮았습니다.

1888년 베르타 벤츠가 약국에서 연료를 구입하는 장면을 묘사한 그림. 19세기 후반 자동차가 처음 보급될 때는 오늘날 같은 주유소가 없었다. 운전자들은 철물점, 잡화점, 약국 등 다양한 곳에서 자동차 연료를 구입했다. 운전자들은 보통 빈 캔을 가져가서 연료를 구매한 후 직접 자동차 연료 탱크에 부었다고 한다. 베르타 벤츠 역시 차를 몰고 가다 독일의 소도시 비슬로흐에 있는 도시약국에 들러 연료(리그로인)를 구입했다. 이 약국에 '세계 최초 주유소'라는 별명이 붙었으며, 현재 역사적인 현장으로 보존되어 있다. 이런 연료 사용 방식은 전용 주유 펌프가 발명되고 주유소가 등장할 때까지 계속되었다.

내연기관

이 문제를 해결하려고 여러 발명가가 증기기관을 대체할 **내연기관** 개발에 몰두합니다. 마침내 1876년 독일의 니콜라우스 오토Nikolaus Otto가 흡입-압축-폭발-배기의 4행정 사이클에 기반한 '오토 엔진'을 만들어 냅니다. 고트리브 다임러Gottlieb Daimler와 빌헬름 마이바흐 Wilhelm Maybach는 이 오토 엔진을 개량해 1885년 휘발유를 연료로 사용하는 내연기관을 완성합니다. 휘발유 엔진은 휘발유와 공기를 섞은 혼합기를 실린더로 빨아들여 피스톤으로 압축한 뒤, 점화 플러그의 불꽃으로 압축된 혼합기를 태워 작동하는 엔진입니다. 비슷한 시기에 내연기관을 개발한 카를 벤츠도 새로운 시도를 합니다. 1886년 1월 휘발유 엔진을 단 자동차에 대한 특허를 세계 최초로 출원한 것이죠.

내연기관은 자동차를 움직이는 동력원으로 여러모로 적합했습니다. 하지만 벤츠가 특허를 받아 생산해 낸 내연기관 자동차는 2년 동안 단 1대도 팔리지 않았어요. 늘 그렇듯 사람들은 새로운 기술을 의

내연기관

엔진 내부의 연소실에서 연료를 직접 태워 발생하는 열에너지를 동력으로 바꾸는 기관이다. 증기기관처럼 외부에서 열을 가하는 외연 기관과 달리, 엔진 내에서 연료와 공기를 폭발시켜 그 힘으로 피스톤을 움직이게 하거나 터빈을 돌려 기계적인 힘(운동에너지)을 얻는 방식이다. 자동차, 항공기, 선박 등 다양한 곳에 쓰인다. 1860년경 프랑스의 에티엔 르누아르 Étienne Lenoir가 최초로 실용적인 내연기관을 발명했다.

기술이 바꾼 일상의 역사

심스러운 눈초리로 바라보았거든요. 소심한 성격의 카를 벤츠는 이런 반응에 위축됐죠.

그런데 아내 베르타 벤츠가 자동차 장거리 여행을 해냄으로써 분위기를 반전시켰습니다. 언론들은 이 여행을 대서특필했고, 자동차를 향한 세간의 평가도 완전히 달라집니다. 이 여파로 벤츠는 첫 자동차 판매에 성공합니다.

내연기관의 열효율을 높이려는 시도는 계속되었습니다. 독일의 엔지니어 루돌프 디젤Rudolf Diesel은 1892년 자기 이름을 붙인 '디젤 엔진'의 특허를 출원합니다. 디젤 엔진은 공기를 아주 세게 누르면 뜨거워지는 성질을 이용해, 그 뜨거워진 공기 속에 연료를 넣어 불꽃 없이도 연료가 저절로 타게 해서 움직이는 엔진입니다. 그 때문에 자연 발화 온도가 낮은 경유, 중유, 식물성 기름(바이오 디젤)까지 연료로 사용할 수 있고, 힘과 연비(연료 1리터로 주행할 수 있는 거리)도 좋았습니다. 휘발유 엔진보다 소음과 진동이 심한 것은 단점이지만요. 이런 장단점을 고려해 디젤 엔진은 점차 대형 트럭, 버스, 굴착기, 탱크를 비롯한 군용 전차 등 크고 무거운 이동 수단을 움직이는 데 쓰였습니다.

이동의 자유

미국에서는 생산 과정에서 혁신이 일어나 누구나 구매할 수 있는 수준으로 자동차 가격이 떨어지기 시작합니다. 그 혁신은 바로 헨리 포드가 도입한 '컨베이어 벨트'입니다. 자동차를 넘어 제조업 전체를 바꾼 포드의 혁신에 대해서는 다음 장에서 더 자세히 설명할게요.

내연기관 자동차는 2차 산업혁명 이후 핵심 교통수단으로 자리 잡습니다. 자동차 산업은 부품 제조 공장부터 주유소, 정비소까지 거대한 생태계를 이루어 수많은 일자리를 만들어 냈습니다.

자동차는 인류에게 '이동의 자유'를 선사하며 땅을 더 다양하고 넓게 활용할 수 있게 했습니다. 사람들은 낮에는 도심에서 일하고, 퇴근 후에는 교외의 넓은 지역에서 거주할 수 있게 되었습니다. 도심의 땅은 주로 도로, 주차장, 주유소 등 자동차와 관련된 인프라와 시설이 차지했지요.

또 자동차는 전국 구석구석까지 고속도로가 깔리게 했습니다. 고속도로는 장거리를 오가는 시간을 줄여 줘 관광을 비롯한 새로운 산업이 발전하게 했고, 지역 간에 활발하게 교류할 길을 열었습니다.

레이싱 대회는 왜 생겼을까?

카를 벤츠가 내연기관 자동차를 선보인 이후 독일, 프랑스, 이탈리아 등지에서 많은 사업가가 자동차 생산에 뛰어듭니다. 하지만 아무리 홍보를 해도 사람들은 자동차에 별 관심을 보이지 않았습니다.

고민 끝에 제조사들은 의기투합해 새로운 도전을 해 보기로 합니다. 자동차의 속도와 성능을 대중에게 직접 보여 주기 위해 레이싱 대회를 열기로 한 것이지요. 마침내 1894년 프랑스에서 세계 최초의 레이싱 대회인 파리-루앙 경주가 열립니다. 1906년에는 프랑스 중서부 르망에서 그랑프리 대회가 시작됐고요. 이 대회는 포뮬러원(Formula 1, 최고 속도와 기술력을 겨루는 단거리 레이싱 대회)과 르망24(24 Hours of Le Mans, 24시간 동안 쉬지 않고 달리며 차량 속도·내구력·효율성·팀워크를 종합적으로 시험하는 장거리 레이싱 대회)로 계승되었습니다.

자동차 제조사들은 신기술을 선보이는 무대로 레이싱 대회를 활용했어요. 공기 저항을 줄여 연비를 높이는 디자인이나 짧은 거리에서 제동할 수 있는 브레이크 기술 등이 대회에서 소개되었죠. 경기 결과는 어떤 회사의 기술이 더 뛰어난지 숫자로 단순화해서 보여

레이싱 대회는 역사상 가장 성공한 스포츠 마케팅으로 평가받는다. 사진은 포뮬러원 경기 장면

주었고요. 대회에서 검증받은 기술들은 차차 자동차에 적용되었습니다.

예상대로 레이싱 대회는 대중에게 큰 인기를 끌었습니다. 사람들은 자동차에서 눈을 뗄 수가 없었죠. 살면서 그렇게 빠른 속도로 내달리는 기계를 처음 보았으니까요. 자동차에 대한 사람들 인식이 점차 바뀌었습니다. 자동차가 더는 '이상한 기계'가 아니었습니다. '멋진 신기술'을 선보이는 무언가가 되었지요. 레이싱 대회는 역사상 가장 성공한 스포츠 마케팅으로 평가받고 있습니다.

현재 F1을 비롯한 레이싱 대회는 단순히 자동차를 팔기 위한 수
단을 넘어섰죠. 대회 자체로 엄청난 경제 효과를 거두는 거대한 스
포츠 이벤트로 성장했습니다. 그럼에도 레이싱 대회가 자동차 브랜
드의 기술력과 이야기를 알리는 장이라는 본질은 여전히 변함이 없
습니다.

분업을 실현한 컨베이어 벨트

새로운 제품이 일상 깊숙이 스며들려면 몇 가지 고비를 넘겨야 합니다. 그중 꼭 넘어야 할 산이 가격을 떨어뜨리는 과정입니다. 부자가 아닌 보통 사람이 제품을 구매할 수 있는 수준으로요. 이렇게 되려면, 낮은 비용으로 제품을 생산하고 효율적으로 유통할 수 있는 구조가 만들어져야 합니다. 한편에서는 보통 사람들의 소득 수준이 높아져야겠지요. 먹고사는 데 여유가 있어야 생소한 물건 구매에 지갑도 열 수 있으니까요.

이런 조건은 자동차 시대를 여는 데도 필요했습니다. 자동차 가격을 내리는 데 결정적인 역할을 한 기술이 바로 컨베이어 벨트입니다. 컨베이어 벨트는 자동차를 비롯한 수많은 혁신적인 제품이 일상용품이 될 수 있는 길을 닦았습니다. '대량 생산 대량 소비' 시대도 열어젖혔고요.

포디즘

컨베이어 벨트를 제조업 생산 과정에 처음 도입한 사람이 미국의 사업가 헨리 포드Henry Ford입니다. 포드는 1903년 포드자동차를 세웁니다. '모두가 누릴 수 있는 값싸고 좋은 자동차'를 만들기로 다짐합니다. 이런 목표를 이루기 위해 이 궁리 저 궁리를 하다가 컨베이어 벨트를 떠올린 겁니다.

컨베이어 벨트는 한 번쯤 본 적이 있을 거예요. 잠깐 물류센터를 떠올려 보세요. 택배 상자들이 쉴 새 없이 이동하잖아요. 택배 상자 아래에서 움직이는 것이 바로 컨베이어 벨트입니다. 컨베이어 벨트는 두 개 이상의 도르래가 구르며 벨트를 움직여 벨트 위에 있는 물건을 운반하는 장치예요.

포드가 컨베이어 벨트를 처음 발명한 건 아닙니다. 컨베이어 벨트는 18세기 후반부터 여러 발명가 손을 거쳐 점점 더 산업 현장에서 쓸 수 있는 것으로 바뀌어 갔습니다. 초기에는 주로 농장이나 광산에서 노동자들을 대신해 농산물, 석탄, 광석 등을 나르는 데 이용되었다고 해요.

그러다 1913년 포드가 자동차 생산 과정에 컨베이어 벨트를 도입하면서 대중화되기 시작합니다. 컨베이어 벨트는 대량 생산 시대를 열었습니다. 그 과정을 잠깐 살펴볼게요. 포드는 복잡한 생산 과정을 조각조각 나누었습니다. 노동자 각자가 할 일을 나눈 뒤, 노동

위 사진은 20세기 초 포드자동차의 조립 라인에서 일하는 노동자들. 이 조립 라인에 쓰인 컨베이어 벨트는 19세기 산업 현장에서 이미 사용되고 있었으며, 1913년 포드자동차가 이를 자동차 조립 라인에 도입하면서 대량 생산 시스템의 핵심 요소로 자리 잡았다. 오늘날에는 물류센터를 비롯한 제조업·광업·농업·식품 산업·건설업·재활용 시스템·공항·교통 시설 등 자동 이송이 필요한 거의 모든 산업 분야에 쓰이고 있다.

자들을 조립 라인 앞에 줄지어 세웠어요. 작업물은 컨베이어 벨트를 따라 순서대로 노동자를 찾아갔죠. 노동자들은 자기 업무만 반복했습니다. 즉 포드는 컨베이어 벨트를 이용해 노동자들이 분업을 하게 만든 거예요. 포드가 고안한 이런 분업 생산 방식을 '포디즘Fordism'이라고 합니다.

그전까지 자동차는 장인에 가까운 숙련공이 만들었어요. 당연히 생산량이 적고 가격은 비쌌죠. 자동차가 사치품이었습니다. 그런데 포드자동차의 노동자들은 숙련공일 필요가 없는 겁니다. 한 가지 업무만 익히면 바로 생산 라인에 투입될 수 있었어요.

노동자들은 마치 커다란 기계의 부품처럼 일했습니다. 전보다 훨씬 많은 제품을 쏟아냈죠. 컨베이어 벨트가 도입되기 전에는 '모델 T' 1대를 생산하려면 약 12시간이 걸렸는데, 컨베이어 벨트가 도입된 이후에는 약 93분으로 대폭 줄었습니다. 생산 속도가 무려 8배나 빨라진 것이죠.

분업 예찬

18세기 영국의 경제학자 애덤 스미스Adam Smith는 자신의 책 《국부론 The Wealth of Nations》에서 '분업이 얼마나 효율적인지' 강조했습니다. 스미스는 주장의 근거로 핀 공장의 장인들을 예로 들었습니다. 핀을

포드자동차는 1903년 설립 후 다양한 모델을 생산했다. '모델 A'가 첫 번째 모델 중 하나였고, 모델 T는 사치품이던 자동차를 대중화시킨 '최초의 대량 생산 국민차'였다. 1927년 단종될 때까지 1500만 대 이상 판매되었다. 이후 집집마다 자동차를 소유한 '자가용의 시대'가 열렸다. 사진은 모델 T

만드는 과정을 관찰했더니 철사를 뽑고, 곧게 펴고, 끝을 뾰족하게 하고, 핀 머리를 만드는 등 18개 세부 작업으로 나눌 수 있었습니다. 세부 작업을 열 사람이 나누어 맡으니 한 사람당 핀 4800개를 만들 수 있었습니다. 반면 한 사람이 모든 작업을 처음부터 끝까지 할 경우에는 하루에 20개도 만들기 어려웠죠. 스미스가 분업을 제안한 이유입니다.

이런 스미스 주장을 증명해 준 사람이 포드라고 해도 과언이 아니죠. 분업과 컨베이어 벨트를 도입하자 자동차 생산 속도가 빨라져 생산량이 늘었으니까요. 그로 인해 모델 T 판매 가격이 떨어졌습니다. 1908년 출시 당시 850달러였는데 1924년에는 소매가가 약 300달러였으니까요.

1914년에 포드는 '하루 5달러 임금' 정책을 펼칩니다. 당시 다른 공장보다 임금을 2배나 더 준 겁니다. 1일 노동 시간도 9시간에서 8시간으로 줄였습니다. 어떤 사람들은 포드가 온정주의에 빠졌다며 혀를 찼지만, 그에게는 다 계획이 있었습니다. 이렇게 해야 훗날 노동자들이 중산층이 되어 자동차를 구매할 수 있으니까요. 하루에 5달러를 받으며 1년 정도 일하면 모델 T를 살 수 있었거든요. 한편 다른 공장보다 임금이 높으니 노동자들은 웬만해선 회사를 그만두지 않았어요. 이전보다 더 열심히 일했고요. 회사로서는 손해 볼 것이 없었습니다.

고효율 연료가 필요해?
석유

인류가 석유를 쓴 지는 생각보다 오래되었습니다. 인류 문명이 시작되면서 썼다고 해도 과언이 아닙니다. 기원전 4000년경 메소포타미아, 기원전 3000년경 이집트 등지에서는 역청(아스팔트) 상태의 석유를 건축물의 접착제, 배의 방수제 등으로 썼으니까요. 중국에서는 347년 동진 시대에 240미터 깊이 유정에서 석유를 시추(땅속 깊이 구멍을 파는 것)해 소금 생산에 사용했다는 기록도 남아 있죠. 당시 중국은 소금 생산을 위해 우물을 깊이 파는 기술이 발달했는데, 이 과정에서 석유를 발견해 염수를 끓이는 연료로 활용했다고 해요.

그런데도 석유를 주 에너지원으로 쓰는 지역은 없었습니다. 그 후 오랫동안 인류는 석유에 무관심했어요. 19세기 중반에 고래기름의 대체제를 찾는 과정에서 연료로 주목받기 전까지는 말이지요. 산업 혁명으로 공장이 늘어나면서 도시에서는 어둠을 밝힐 등불이 더 많

기술이 바꾼 일상의 역사

이 필요해졌습니다. 야간에도 일하는 경우가 많아졌고요. 자연 밤에 활동하는 사람들도 늘어났습니다. 게다가 도시로 사람들이 몰려들면서 어두운 밤거리는 범죄의 온상이 되기 쉬웠어요. 도시 치안을 위해서도 가로등 같은 조명이 많이 필요해졌죠.

당시에 등불이나 가로등 연료로는 고래기름이 널리 쓰였어요. 고래기름은 고래의 피하 지방을 추출해서 만든 기름인데, 비쌌습니다. 하지만 다른 동식물성 기름에 비해 빛이 부드럽고 그을음이 적어 조명용으로 인기가 많았죠. 1800년대 유럽과 미국에서는 고래기름을 얻기 위해 닥치는 대로 고래를 잡았습니다. 고래가 점점 줄어들어 기름 가격이 치솟았습니다.

최초의 원유 정제소

발 빠른 사업가들은 고래기름을 대체할 연료를 찾아 나섰습니다. 그러다 석유에서 가능성을 봅니다. 세계 최초의 산유국은 어디일까요? 루마니아입니다. 루마니아는 6세기 동로마 제국 때부터 역청이 나온다는 기록이 있을 정도로 석유가 많이 매장되어 있는 나라였어요. 특히 플로이에슈티 지역이 유명했습니다. 고래기름이 귀해지자 루마니아도 싸고 효율적인 조명용 연료를 찾아 나섭니다. 마침 폴란드의 한 발명가가 원유에서 등유를 분리하는 정제 기술을 개발합니

산업혁명 시기의 점등원. 이들은 매일 저녁 거리의 가스등을 켜고 새벽이 되면 끄는 일을 했다. 이 직업은 전기 조명이 발명되고 널리 보급되면서 사라졌다. 이 그림은 점등원이 사다리를 타고 올라가 가스등에 불을 붙이는 장면을 묘사하고 있다. 가스등에 불을 붙이기 위한 작은 휴대 등불이 손에 들려 있다. 이 불을 가스등 버너 부분에 가져다 대서 불을 붙인다.

다. 루마니아 사업가들은 바로 이 기술을 도입해 1857년경 플로이에슈티에 세계 최초로 대규모 산업용 원유 정제소를 세웁니다. 여기서 등유를 생산해 내죠. 루마니아 정부는 이 정제소와 계약을 맺고 등유를 독점합니다. 그리고 수도 부쿠레슈티에 등유 조명 수백 개를 설치해 불을 밝혔습니다.

미국에서는 1859년경 루마니아에 비해 2년 늦게 원유 시추에 성공합니다. 사업가 조지 비셀George Bissell과 기술자인 에드윈 드레이크Edwin Drake가 펜실베이니아에서 처음으로 석유를 시추해 대량 생산의 길을 열었죠.

'검은 황금'의 시대

원유를 정제하는 기술도 발전했습니다. 1912년 미국의 석유 회사 **스탠더드 오일**Standard Oil이 현대적인 열분해 공정을 처음으로 도입합니다. 열분해 공정이란, 원유를 가열해 끓는 점이 다른 휘발유, 등

스탠더드 오일

1870년 미국 사업가 존 데이비슨 록펠러John Davison Rockefeller가 세운 석유 회사다. 1911년 미국 정부의 독점금지법에 따라 30여 개의 회사로 강제로 나뉜다. 엑슨모빌, 셰브론 등의 후손 기업들은 오늘날에도 세계 석유·에너지 산업에서 막대한 영향력을 행사하고 있다. 대한제국 시기 우리나라에 스탠더드 오일 석유가 수입되기도 했다. 이 석유는 주로 등불 연료로 쓰였다.

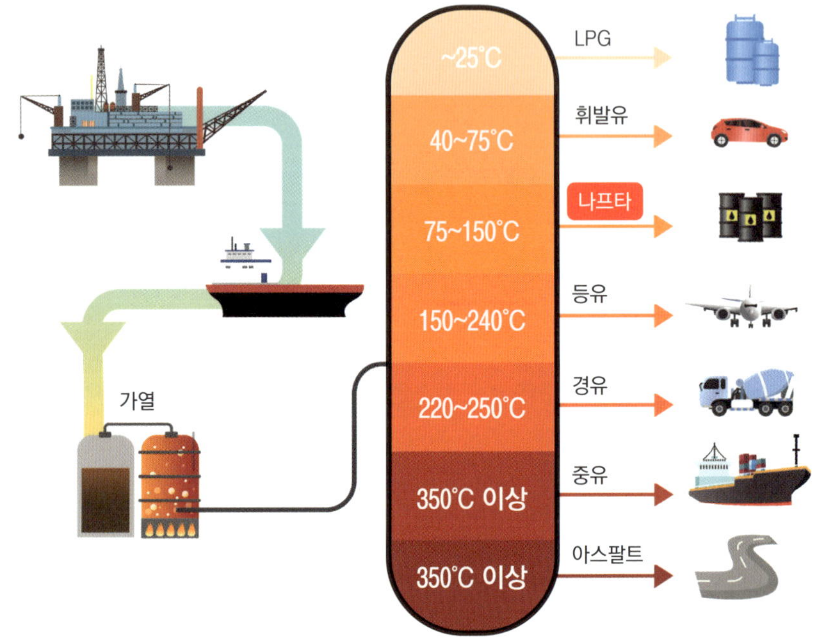

석유 정제 과정. 막 뽑아 올린 원유는 바로 못 쓴다. 반드시 정제 과정을 거쳐야 한다. 정제 과정은 쉽게 말하면 원유를 끓이는 과정인데 끓는점에 따라 휘발유, 경유, 중유, 아스팔트 등으로 나뉜다.

유, 경유, 중유를 차례로 생산해 내는 방식을 말해요. 자동차, 선박, 항공기 등을 움직일 수 있는 연료를 안정적으로 얻게 된 것이지요. 지금 흔히 쓰는 플라스틱을 만들 원료도 얻고요. 플라스틱은 석유 정제 과정에서 나오는 나프타Naphtha로 만들거든요.

곧 석유는 '검은 황금'으로 떠오릅니다. 고효율 에너지원이자 플라스틱 같은 저렴한 소재도 만들 수 있으니, 석유가 없으면 생활이 제대로 돌아가지 않을 지경이 되지요. 1970년대 두 차례에 걸쳐 일어난 '오일 쇼크'는 석유가 품은 막강한 힘을 보여 줍니다.

오일 쇼크

세계에서 석유가 많이 매장된 지역 하면 자연스럽게 서남아시아(중동)를 떠올릴 텐데요. 서남아시아에서 석유가 처음 발견된 건 1908년이에요. 페르시아(1935년 이란으로 국명 바꿈)에서 영국이 시추에 성공하지요. 당시 페르시아는 영국이 직접 지배만 하지 않았을 뿐 제국주의 국가인 영국의 영향 아래 있었습니다. 영국은 석유 탐사, 채굴 독점권을 얻어 시추를 시도한 겁니다.

　1920년대 후반부터 미국 석유 회사들도 서남아시아로 몰려옵니다. 영국이 페르시아에서 대규모 유전 발견에 성공한 것을 본 미국 기업들은 이 지역에 석유가 많이 매장되어 있으리라 판단하고 탐사에 적극적으로 뛰어듭니다. 그 판단이 맞았습니다. 미국 기업들은 1930년대에 바레인, 사우디아라비아, 쿠웨이트, 아랍에미리트 등지에 많은 석유가 매장되어 있다는 사실을 알게 되죠. 특히 1938년 한 미국 기업은 사우디아라비아 다란에서 세계 최대 규모의 유전을 발견합니다. 서남아시아는 원유 생산의 중심지로 떠오르지요.

서남아시아 국가들은 전혀 기뻐할 수 없었습니다. 자기네 땅에서 석유를 뽑아가 이익을 보는 건 영국, 미국 기업들이었으니까요. 특히 '세븐 시스터즈Seven Sisters'라고 불리는 거대 석유 기업들이 이익을 독차지하다시피 했습니다.

서남아시아 국가들은 1950년대 들어 자원 민족주의Resource Nationalism 운동을 펼치면서 불평등한 관계를 바로잡으려고 합니다. 자원 민족주의란 자기 나라의 자원을 스스로 지키고 사용하려는 움직임이지요. 쉽게 말해 "이건 우리 땅에서 나온 거니까 우리 민족을 위해 쓸 것"이라고 주장하는 겁니다. 마침내 산유국들은 석유 사업권을 되찾았고, 1960년 석유수출국기구OPEC를 창립하며 서로 힘을 합치기로 합니다.

이후 서남아시아 국가들은 국제 사회에서 영향력을 키우는 데 원유를 이용하고, '오일 쇼크(석유 파동)'도 일으킵니다. 오일 쇼크는 국제 석윳값이 갑자기 올라 세계 경제가 큰 타격을 입은 사건을 말합니다. 1자 오일 쇼크는 1973년에 일어났습니다. 당시 이스라엘과 아랍 국가 사이에 전쟁(제4차 중동전쟁)이 벌어졌습니다. OPEC 회원국

🔆 세븐 시스터즈

미국의 5대 석유 회사(엑손·모빌·걸프 오일·텍사코·셰브론)와 영국의 BPBritish Petroleum 그리고 영국-네덜란드 합작사인 로열 더치 셸Royal Dutch Shell을 가리킨다. 1920년대부터 70년대까지 세계 석유 시장을 지배했다. 자신들에게 유리한 조건으로 서남아시아 국가와 계약을 맺었다. 석유 개발권을 확보한 뒤 채굴한 석유를 헐값에 가져가 엄청난 이익을 남겼다. 정작 석유가 생산되는 서남아시아 국가들에게 돌아가는 몫은 매우 적었다.

기술이 바꾼 일상의 역사

중 아랍 국가들은 이스라엘을 지원하는 미국과 서유럽 국가들에 반발해 산유량을 대폭 줄이고 수출도 금지해 버립니다. 그 결과 국제 원유 가격이 단기간에 약 4배로 폭등했지요. 석유에 전적으로 의존하던 세계 경제가 휘청였습니다.

2차 오일 쇼크는 1978년에 일어납니다. 1978년 이란 혁명과 1980년 이란-이라크 전쟁으로 이란, 이라크 두 나라의 산유량이 동시에 줄어들었습니다. 이란 혁명은 1978년 이란의 정치 체제가 왕정에서 공화정으로 바뀐 것을 말해요. 혁명 지도자 루홀라 호메이니Ruhollah Khomeini는 이 혁명을 이웃 나라 이라크로 확산하려고 했습니다. 불안해진 이라크 대통령 사담 후세인Saddam Hussein은 1980년 선전 포고 없이 이란을 침공하죠. 88년까지 이어진 이 전쟁이 이란-이라크 전쟁입니다. 주요 석유 생산국인 두 나라가 전쟁 중이었으니 세계에 석유가 제대로 공급될 리가 없었지요.

두 차례의 오일 쇼크로 인해 세계 경제는 극심한 혼란에 빠집니다. 기업들은 생산에 어려움을 겪고, 물자가 부족해지면서 물가가 치솟았죠. 사람들은 점점 더 지갑을 닫았고요. 이런 현상을 '스태그플레이션Stagflation'이라고 합니다. 한국도 고통을 겪었죠. 1980년 경

스태그플레이션

경기 침체Stagnation와 물가 상승Inflation이 동시에 나타나는 현상을 말한다. 과거에는 경기 침체가 일어나면 물가가 떨어지는 것이 상식이었다. 그런데 오일 쇼크 시기에 처음으로 경기 침체와 물가 상승이 함께 나타나는 고통스러운 현상이 나타났다.

2차 오일 쇼크로 국제 유가가 크게 오르자, 한국도 큰 어려움을 겪는다. 물가가 30퍼센트 안 팎으로 치솟고 기업들은 생산비가 급증해 예전처럼 공장을 돌릴 수 없었다. 실업자도 늘어났다. 사진은 기름값이 오를 것을 대비해 석유를 사 놓으려고 주유소 앞에 줄 서 있는 시민들제 성장률이 한국전쟁 이후 처음으로 마이너스를 기록했으니까요.
경제 규모가 대폭 쪼그라들었다는 뜻이지요.

미국이 세계 최대 산유국이 된 비결은?

세계에서 가장 원유를 많이 생산하는 나라는 어디일까요? OPEC 회원국 중 하나를 떠올리기 쉽지만, 정답은 '미국'입니다. 2000년대 초반 미국에서 셰일가스와 셰일오일이 대규모로 생산되기 시작했거든요. 셰일가스는 셰일층에 있는 천연가스를, 셰일오일은 셰일층에 있는 석유 성분이 있는 기름을 말합니다.

과거 미국은 자국에 셰일가스와 셰일오일이 엄청나게 매장되어 있다는 사실을 알면서도 셰일층에서 뽑아낼 방법을 찾지 못했어요. 전통적인 방식으로는 시추가 어려웠거든요. 그런데 1990년대 후반 미국의 시업가 조지 미첼George Mitchell이 기존에 있던 수압파쇄법과 수평 시추 기술을 결합해 상업적인 규모로 셰일가스와 셰일오일을

수압파쇄법과 수평 시추 기술

수압파쇄법은 모래, 화학물질이 섞인 물을 고압으로 주입해 암석을 깨뜨린 후 암석에 갇혀 있던 셰일가스와 셰일오일을 밀어 올리는 기술이다. 수평 시추 기술은 땅속으로 수직으로 뚫어 가다가 목표 지층(특히 셰일층)에 도달하면 시추 방향을 꺾어 수평으로 길게 시추공을 만드는 기술이다. 두 기술은 기존 수직 시추로는 채굴이 어려웠던 셰일층의 자원을 개발할 길을 열었다.

셰일층

셰일은 물속에 가라앉은 진흙이 오랜 시간 압축되어 만들어진 퇴적암이고, 이런 셰일이 계속 쌓여 만들어진 것이 셰일층이다. 셰일층의 미세한 틈에 셰일가스나 셰일오일이 들어 있다.

추출하는 데 성공합니다.

이후 2000년대 미국에서는 '셰일 혁명'이라 불리는 자원 개발 바람이 불었습니다. 미국은 사우디아라비아를 제치고 세계 최대의 산유국으로 올라섰지요. 국제 사회에서 서남아시아 산유국들의 자리가 흔들렸고, 산유국들과 미국의 관계에도 균열이 생겼습니다.

이와 별개로 석유의 시대는 점차 저물고 있습니다. 기후 위기가 극심해져 화석 연료 사용을 줄여야 한다는 움직임이 확산하고 있거든요. 화석 연료보다 환경친화적이면서 효율적인 에너지원을 찾으려는 노력도 계속되고 있지요.

싸게 마음껏 찍어 내자, 플라스틱

인류는 오랫동안 자연을 가공해 문명을 발전시켜 왔습니다. 나무, 돌, 금속 등으로 실생활에 필요한 물건들을 만들었죠. 문제는 천연 자원은 써도 써도 계속 나오는 화수분이 아니라는 겁니다. 언젠가는 바닥이 나지요.

이런 문제를 해결하려고 인류는 인공 소재에 관심을 갖게 되었습니다. 대표적인 결과물이 플라스딕입니다. 플라스틱plastic이라는 이름은 '형태를 빚을 수 있다'는 뜻의 그리스어 '플라스티코스plastikos'에서 유래했습니다. 플라스틱은 이런 유래에 맞게, 열이나 압력을 가해 원하는 대로 만들 수 있는 고분자 화합물(합성수지)을 두루 일컫습니다.

셀룰로이드

그럼, 최초의 플라스틱은 무엇일까요? 당구공을 만들기 위해 개발한 셀룰로이드입니다.

19세기 미국과 유럽의 상류층 사이에서는 당구가 큰 인기를 끌었습니다. 당시 당구공은 코끼리 상아로 만들었습니다. 당구공을 만들기 위해 코끼리를 닥치는 대로 잡다 보니 코끼리가 급감하고, 상아 가격은 하늘 높은 줄 모르고 치솟았죠. 1863년 안달이 난 미국의 한 당구 클럽이 광고를 냅니다. 상아를 대체할 물질을 발명한 사람에게 1만 달러 상당의 상금을 주겠다는 내용이었습니다.

인쇄공 존 웨슬리 하이엇John Wesley Hyatt은 상금에 혹해 당구공 발명에 도전합니다. 식물에서 추출한 섬유 셀룰로스에 질산과 황산을 사용해 성질을 바꾸고, 녹나무에서 얻은 장뇌를 더해 '셀룰로이드celluloid'라는 신소재를 개발합니다. 하이엇은 특허를 받고 셀룰로이

세계 최초의 상업용 플라스틱 제품인 셀룰로이드 당구공 세트

드 당구공을 만들어 내죠. 하지만 셀룰로이드 당구공은 탄성이 부족하고 충격에 약해 오래 사용되지는 못했습니다. 하이엇은 상금도 받지 못했고요.

그럼에도 셀룰로이드는 획기적인 신소재임이 분명합니다. 인공 소재를 상품 생산에 활용할 수 있음을 보여 주었으니까요. 셀룰로이드는 지금도 만년필, 빗 등 많은 제품을 만드는 재료로 쓰이고 있습니다.

합성 소재의 전성기

현대적인 합성 플라스틱은 1907년 미국 화학자 리오 베이클랜드Leo Baekeland가 개발합니다. 그는 '베이클라이트'라는 신소재를 개발했는데, 베이클라이트는 전기가 통하지 않고 열에 강한 것이 특징이었습니다. 전화기, 라디오, 전기 스위치 등 전자 제품에 많이 쓰였죠. 언론에서는 베이클라이트를 '타지 않고 녹지 않는, 용도가 천 가지인 물질'이라며 극찬했습니다.

플라스틱을 만드는 핵심 원료는 석유에서 얻는 나프타입니다. 나프타를 분해하면 탄소와 수소로 이루어진 작은 분자들이 나오는데, 이 작은 분자들을 사슬처럼 길게 연결하면 고분자 화합물을 만들 수 있어요. 이 고분자 화합물에 열을 가하면 쉽고 빠르게 원하는 형태로 성형할 수 있죠. 현대에도 비닐봉지, 자동차 부품, 식기, 페트병, 스티로폼, 나일론 등 다양한 일상용품을 만드는 데 플라스틱을 씁니다.

플라스틱은 '대량 생산 대량 소비 시대'를 완성한 기술입니다. 지금 펜, 안경, 스타킹은 흔한 물건이지만 과거에는 귀족이나 부유층만 가질 수 있는 수공예품이었어요. 숙련된 장인이 코끼리 상아, 거북이 등껍질, 비단 같은 천연 소재를 가지고 오랜 시간을 쏟아 만들어야 했습니다. 그런데 플라스틱이 발명되면서 대중도 이런 제품들을 쓸 수 있게 되었죠.

플라스틱 다음은?

플라스틱은 제품 유통 풍경도 바꾸어 놓았습니다. 이전에는 물건을 무거운 **금속 용기**나 깨지기 쉬운 **유리병**에 담아 주로 유통했는데, 이제는 가볍고 거의 깨질 일 없는 플라스틱을 쓰게 된 겁니다. 플라스틱은 이전보다 먼 거리를 적은 비용으로 운송할 수 있게 했고요.

💡 금속 용기와 유리병

금속 용기는 주로 식품 보존과 운송을 위해 주로 쓰였다. 내용물은 안전하게 보호할 수 있지만, 오늘날의 포장재에 비하면 무거운 것이 단점이었다. 유리병은 와인, 기름, 향수 등 다양한 액체류를 담는 데 주로 쓰였다. 금속 용기처럼 무겁고, 깨지기 쉬운 것이 단점이었다.

다만 플라스틱은 잘 썩지 않는 것이 장점인 동시에 큰 단점이지요. 미생물은 아직 인공 소재를 분해할 효소를 갖고 있지 않기 때문입니다. 인류가 지난 100년 동안 쓰고 버린 플라스틱들이 땅속이나 바다에 고스란히 남아 있죠. 햇빛과 비바람 등에 잘게 부서진 미세 플라스틱은 먹이 사슬을 따라 인간의 식탁까지 올라옵니다. 자연을 보호하기 위해 등장한 플라스틱이 자연을 위협하는 아이러니한 상황이 벌어진 것이지요.

플라스틱은 기술에 대한 평가가 인류가 지향하는 바에 따라 달라질 수 있음을 보여 줍니다. 이제 인류는 플라스틱 문명에서 벗어나야 합니다. 이를 위해 어떤 소재를, 기술을 찾아 나서야 할까요.

전기는 현대 문명을 움직이는 가장 중요한 에너지입니다. 전기 없이는 단 하루도 살 수 없죠. 전기는 어떻게 우리 삶으로 들어왔을까요?

기원전 600년 그리스 철학자 탈레스Thales가 최초로 전기를 관찰한 것으로 알려져 있습니다. 훗날 아리스토텔레스가 쓴 《영혼론》에 이런 내용이 담겨 있기 때문이지요. 탈레스가 고가 장식품 소재인 호박을 문질렀더니 거기에 깃털이나 먼지가 달라붙더라고 했다는 겁니다. 오늘날 이런 현상을 '정전기'라고 하지요. 다만 당시에는 이런 현상이 왜 일어나는지 제대로 설명하지 못했어요.

그 후 수천 년이 흐른 뒤에야 전기를 과학적으로 연구하기 시작합니다. 1600년 영국의 자연철학자 윌리엄 길버트William Gilbert는 실험을 통해 전기를 연구하려 한 최초의 인물입니다. 호박이나 유리 같은 여러 물질로 정전기를 만들어 내는 실험을 하면서, 전기와 자기를 구분했지요. 이 때문에 길버트를 '전기의 아버지'라고 부릅니다. 그는 그리스어로 호박을 뜻하는 '엘렉트론elektron'에서 유래한 라틴어 형용사 '엘렉트리쿠스electricus'라는 용어를 만들어 냅니다. 이후 1646년 영국의 학자이자 작가인 토머스 브라운Thomas Browne이 이 말을 명사형인 '일렉트리시티electricity'로 바꾸어 사용했습니다.

백열전구

근대 과학이 발전하면서 전기를 실용적으로 쓰기 위한 지식이 서서히 쌓입니다. 1752년 미국 정치인이자 과학자인 벤저민 프랭클린Benjamin Franklin은 폭풍우가 치던 날 연에 금속 철사를 달아 실험을 했고, 그 결과 번개가 전기의 한 형태임을 밝혀냅니다. 이후 그는 번개로 인한 피해를 줄이기 위해 피뢰침을 발명하지요. 1800년 이탈리아 화학자 알레산드로 볼타Alessandro Volta는 지속적으로 전류를 만들어 내는 최초의 전지인 '볼타 전지'를 발명합니다. 1831년 영국의 물리학자 마이클 패러데이Michael Faraday는 자기장의 변화를 통해 전류가 만들어질 수 있다는 사실, 즉 전자기 유도 현상을 발견합니다. 이런 실험들은 전기가 단순히 신기한 자연 현상이 아니라 실생활에 쓸 수 있는 에너지라는 사실을 밝혀냈습니다. 전기가 물리적으로 존재하고, 인간이 원한다면 직접 만들어 낼 수도 있다는 확신을 주었죠. 이후

 기술이 바꾼 일상의 역사

사람들은 전기를 실용적으로 사용할 방법을 고민하기 시작합니다.

전기를 활용할 방법을 찾던 수많은 과학자, 기술자가 던진 질문입니다. '발명왕'으로 불리는 토머스 에디슨Thomas Edison도 그중 하나였지요. 그는 기존 백열전구의 문제점을 개선해 1879년 상업적으로 사용할 수 있는 실용적인 백열전구를 개발합니다. 에디슨의 백열전구가 보급되기 전에는 주로 아크등이 사용되었는데, 아크등은 빛이 지나치게 밝고 소음과 냄새가 심해 실내 조명으로는 적합하지 않았어요. 이런 문제를 해결하기 위해 에디슨은 밝기가 적당하고 오래 사용할 수 있는 값싼 실내용 백열등을 만듭니다. 에디슨의 백열전구는 안정적인 빛을 제공해 가정, 상점, 사무실 등 실내 공간에서 안전하게 사용할 수 있었습니다.

에디슨은 1880년 에디슨 전등 회사를 설립했는데, 이 회사는 이후 합병과 개편을 거쳐 제너럴 일렉트릭GE, General Electric으로 발전하지요. 이 회사를 통해 에디슨은 전선, 스위치, 소켓 등 전기 조명에 필요한 여러 주변 장치들과 전기를 생산하는 발전기, 전기를 전달하는 배선 시스템까지 함께 만들었습니다.

에디슨은 1882년 미국 뉴욕에 세계 최초의 상업용 화력 발전소인 펄 스트리트 스테이션Pearl Street Station을 세웠고, 이곳에서 생산한

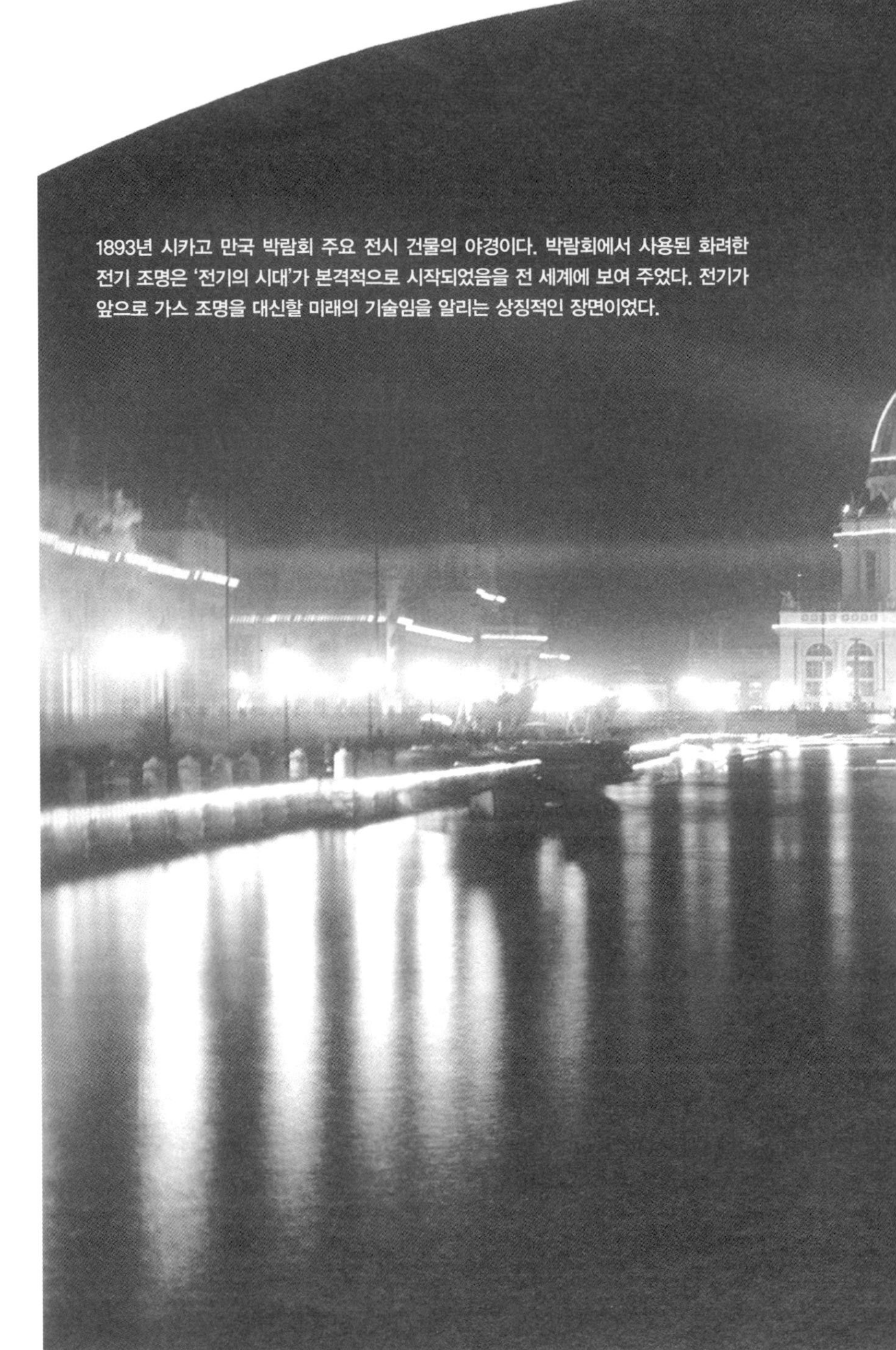

1893년 시카고 만국 박람회 주요 전시 건물의 야경이다. 박람회에서 사용된 화려한 전기 조명은 '전기의 시대'가 본격적으로 시작되었음을 전 세계에 보여 주었다. 전기가 앞으로 가스 조명을 대신할 미래의 기술임을 알리는 상징적인 장면이었다.

전기를 인근의 가정과 사무실에 공급했습니다. 이 발전소는 가동 당시 400여 개의 전등에 전기를 공급할 수 있었다고 하네요.

에디슨은 큰 성공을 거둡니다. 특히 늦은 밤까지 운영하는 인쇄소, 공장, 호텔 등에서 전구에 큰 관심을 보였습니다. 1884년이 되자 전구 1만 여 개가 설치되었습니다. 바야흐로 '전기의 시대'가 열린 것이지요.

직류 대 교류

에디슨이 구축한 전력 시스템은 전기가 한 방향으로 흐르는 직류 방식이었습니다. 직류 방식에는 치명적인 한계가 있었는데, 전기를 먼 곳까지 보내는 것이 어렵다는 점입니다. 전력(전기가 일정 시간 동안 하는 일의 양)은 전류와 전압의 곱으로 결정됩니다. 전력을 물줄기로 비유한다면, 전압은 물을 밀어내는 수압이고, 전류는 물줄기의 굵기라고 볼 수 있어요. 당시 기술로는 직류의 전압을 높이기 어려웠기 때문에, 전력이 많이 필요하다면 전류를 키워야만 했습니다. 그런데 전선에는 저항이 있기 때문에 전류가 커질수록 열이 나면서 에너지가 손실됩니다. 송전 거리가 너무 길어지면 전기를 보내는 과정에서 에너지가 사라지고 말지요. 마치 구멍 난 배관으로 물을 흘려보내는 것과 같달까요. 수압이 낮은데 물줄기가 굵으면 물이 더 많이 새겠

　　　　　　　기술이 바꾼 일상의 역사

지요? 이런 이유로 직류 방식을 쓸 때는 발전소를 전력 사용량이 많은 도시 가까이에 세울 수밖에 없었습니다.

"전기는 도시를 넘어 모든 공장과 가정에 도달해야 한다."

1886년, 미국의 사업가 조지 웨스팅하우스George Westinghouse는 에디슨의 직류 전력 시스템에 맞서기 위해 더 안전하고 효율적인 교류 전력 시스템을 구축하려고 '웨스팅하우스 전기 회사'를 설립합니다. 1888년에는 세르비아 출신의 미국 발명가 니콜라 테슬라Nikola Tesla가 개발해 특허를 낸 **다상 교류** 전동기(교류로 움직이는 모터) 등을 도입해 교류 전력 시스템을 본격적으로 발전시켰습니다.

교류는 전류의 방향이 일정한 주기로 바뀌는 전기 방식으로, 변압기를 이용해 전압을 쉽게 높이거나 낮출 수 있습니다. 이런 장점 덕분에 송전할 때 전압을 크게 높여 전류를 줄일 수 있고, 그 결과 송전 과정에서 발생하는 전력 손실을 크게 줄일 수 있지요. 발전소를 도

다상 교류

다상은 '전기가 지나가는 길이 여러 개'라는 뜻이다. 단순히 줄만 많은 게 아니라, 서로 다른 박자(위상)를 가진 전기가 여러 전선을 통해 흐르는 방식이다. 교류는 전기가 한 방향으로 흐르는 직류와 달리 흐르는 방향을 계속 바꾸는 전류이다. 전압을 높이거나 낮추기 쉬워 전기를 멀리 안전하게 보내는 데 적합한 방식이다. 정리하면 다상 교류는 여러 줄의 전기가 서로 엇박자로 번갈아 가며 힘을 보태서 기계가 더 잘 움직이도록 만드는 방법이다. 한 사람이 회전목마를 밀 때보다 여러 사람이 번갈아 밀면, 회전목마가 끊김 없이 잘 돌아가는 것과 같은 원리이다.

시에서 멀리 떨어진 곳에 세워도 전기를 각 가정과 건물에 효율적으로 공급할 수 있게 된 겁니다.

기술 표준

에디슨은 교류가 부상하는 것을 보고는 기술 표준을 빼앗길까 봐 두려웠습니다. 에디슨은 경쟁사인 웨스팅하우스의 교류 방식을 '위험하다'고 낙인찍기 위해 꼼수를 부립니다. 사형 집행 때 교류 방식을 채택하도록 로비를 벌이고, 자신의 연구실 기술자가 만든 교류 전기의자로 시연까지 한 것이죠. 여론전은 실패하고 맙니다. 오히려 사람들은 '성공을 위해 인간성을 포기한 사업가'라며 에디슨에게서 등을 돌렸다고 해요.

1893년 시카고에서 만국 박람회가 열립니다. 박람회 측은 행사장 전체를 밝힐 전기 시설을 시공할 업체를 입찰 경쟁으로 뽑기로 합니다. 에디슨의 회사 GE, 웨스팅하우스의 '웨스팅하우스 전기 회사'도 참여하지요. 결과는? 웨스팅하우스 전기 회사가 이깁니다. 이 회사는 GE의 절반 가격을 써냈거든요. 이 박람회를 계기로 사람들은 교류 전기가 효율성이 높고 잘 관리하면 안전하게 사용할 수 있다는 사실을 알게 되었죠.

1895년 웨스팅하우스 전기 회사가 '나이아가라 폭포 발전 프로젝트’도 맡으면서 기술 표준 전쟁은 마침표를 찍습니다. 이 프로젝트는 미국과 캐나다 접경 지역에 있는 나이아가라 폭포에서 만든 전기를 30킬로미터 떨어진 미국 공업도시 버펄로까지 전송하는 작업이었죠. 웨스팅하우스 전기 회사가 이 일을 해내면서 이후 세계는 교류를 표준 송전 방식으로 채택합니다.

직류와 교류 사이에서 벌어진 경쟁은 기술 표준이 정리되는 과정을 보여 줍니다. 기술이 소규모 시험장을 넘어 실생활로 파고들려면, 생태계와 경제성을 갖추는 것이 무엇보다 중요하다는 사실을 여실히 보여 준 사건이죠.

물론 경쟁에서 패했다고 해서 직류가 완전히 사라진 것은 아닙니다. 오늘날 반도체, 컴퓨터, 전기차 등 정밀한 전자기기는 모두 직류를 기반으로 작동합니다. 정밀한 기기를 고장 없이 제어하려면 직류를 사용하는 것이 더 안정적이기 때문이죠. 또 화학적으로 전력을 저장하고 내보내는 배터리는 직류 방식으로만 사용할 수 있어요. 정리하면 전기를 멀리 보낼 때는 교류로, 전자기기 작동은 직류로 하는 것이죠.

전기의 도입과 확산은 경제를 극적으로 변화시켰습니다. 전기 조명은 밤늦게까지 도시를 잠들지 않게 했지요. 공장은 더 오랜 시간 가동하며 더 많은 제품을 생산했고요. 1920년대가 되자 집 안으로 세탁기, 냉장고, 커피포트 등 다양한 가전제품이 들어왔고 집 안의 풍경도 달라졌습니다. 석유가 2차 산업혁명에 불을 붙였다면, 전기는 날개를 달아 주었습니다.

여성을 일터로!
가전제품

1791년 프랑스 화학자 니콜라 르블랑_{Nicolas Leblanc}이 비누를 만드는 데 꼭 필요한 소다를 대량으로 생산하는 방법을 개발합니다. 비누 가격이 뚝 떨어졌지요. 빨래를 전담하다시피 하던 여성들에겐 희소식이 아닐 수 없었습니다. 그전까지 여성들에게 빨래는 하루에 최소한 서너 시간은 쏟아야 하는 고된 노동이었으니까요. 물론 비누가 발명되었다고 해서 그 고됨이 싹 사라진 건 결코 아닙니다. 여전히 빨고, 치대고, 헹구고, 널고 해야 했으니까요.

세탁기

비누가 널리 쓰이기 전에는 빨래를 어떻게 했을까요? 비누가 비쌌

던 중세 시대에는 대형 가마솥에 옷과 잿물을 넣고 끓인 후, 나무 방망이로 두들겨 세탁했습니다. 잿물은 나무를 태우고 남은 재(알칼리성)를 물에 우려낸 것인데요, 기름때를 분해합니다. 방망이질은 섬유 속의 묵은 때를 분리해 내고요. 고대 로마에서는 암모니아 성분이 때를 분해하는 원리를 이용해 발효된 소변을 빨래할 때 쓰기도 했대요. 한국에서는 팥을 간 것이나 쌀겨를 세정제로 쓴 적도 있고요.

세탁기는 18세기 중후반에 등장합니다. 초기의 세탁기는 주로 위쪽에 달린 손잡이를 돌려 내부의 패들(paddle, 물속에서 옷을 휘저어 주는 넓적한 판이나 막대)을 회전하며 세탁하는 방식이었습니다. 19세기 중반에 이르러서는 구리 같은 금속으로 만든 드럼을 사용하는 원통형 세탁기가 등장했습니다. 이 세탁기는 손잡이를 돌리면 드럼 자체가 회전하며 세탁하는 구조였지요.

초기 세탁기는 나무 패들을 사용해 뜨거운 물을 부어 쓸 수 없었지만, 금속 드럼 세탁기에는 따뜻한 물을 부을 수 있어 때를 더 쉽게 뺄 수 있었습니다. 하지만 탈수 기능은 없었습니다. 세탁이 끝난 후에는 옷을 손으로 짜야 했지요. 여전히 사용 과정이 번거로웠습니다.

현대식 세탁기는 1900년대 초에 나타났어요. 1908년 미국의 엔지니어 알바 피셔Alva Fisher가 전기 모터로 드럼을 회전시키는 세탁기를 처음 시장에 선보였고, 1937년에는 존 체임벌린John Chamberlin

이 세탁기는 19세기 후반에 제작된 기계식 세탁기로, 증기로 물을 데우고 사람이 직접 드럼을 돌려 세탁하는 방식이다. 초기의 세탁기도 대부분 손잡이를 돌려 내부 패들을 회전하는 방식이었다.

이 세탁, 헹굼, 탈수를 한 번에 할 수 있는 자동 세탁기를 발명했습니다. 1940년대 초가 되면 미국 가정에서 전기세탁기를 어렵지 않게 볼 수 있었죠.

재봉틀

과거 여성들을 짓누르던 또 다른 가사 노동이 바느질이었습니다. 산

업혁명이 일어나 공장에서 기계로 만든 옷감이 나오기 시작한 뒤에도, 여성들은 여전히 옷을 짓고 수선해야 했습니다. 18세기까지만 해도 여성들이 밤늦게까지 방에 모여 바느질하는 모습이 흔했습니다.

1790년 영국의 발명가 토머스 세인트Thomas Saint가 세계 최초로 재봉틀로 특허를 냅니다. 꾸벅꾸벅 졸며 바느질하는 아내의 일을 덜어 주려고 발명을 시작했다고 해요. 1846년 엘리아스 하우 주니어Elias Howe Jr.가 실 2개를 엮어 단단하게 박음질할 수 있는 재봉틀을 개발하고 특허를 냈어요. 이후 다른 재봉틀 회사들은 이 방식을 기술 표준으로 삼았지요.

1899년에는 미국의 회사 싱어Singer가 전기 모터로 작동하는 가정용 재봉틀을 최초로 판매합니다. 그런데 1850년대만 해도 재봉틀 1대 값이 약 100달러로 아주 비쌌습니다. 공장 노동자들 몇 달 치 월급에 해당했죠. 더욱이 재봉틀을 써야 할 여성들 대부분이 전업주부였기 때문에 고가인 재봉틀을 살 경제력이 없었습니다. 재봉틀은 잘 판매되지 않았습니다.

이런 흐름을 확 바꾸어 놓은 회사가 지금도 유명한 싱어입니다. 싱어는 어떤 전략을 썼기에 재봉틀 1위 기업으로 우뚝 섰을까요?

마케팅 전략

1856년 싱어는 이런 광고 문구를 내겁니다. 처음에 1달러만 내면 재봉틀을 가져다 쓸 수 있다는 말이지요. 나머지 금액은 매주 조금씩 갚으면 됐어요. 세계 최초로 할부 판매를 시도한 것이죠. 이뿐만이 아닙니다. 싱어는 지역마다 대리점을 두어 소비자들이 제품을 직접 체험하게 했고, 방문한 고객에게는 세계 각국의 아름다운 풍경을 담은 기념품도 무료로 주었습니다. 자사나 경쟁사의 오래된 제품을 반납하면 새 제품을 살 때 값을 깎아 주는 보상 판매도 했고요. 싱어의 판매원들은 매주 1달러를 받으러 고객 집에 들렀는데, 이때 재봉틀이 고장 난 경우 수리도 해 주었다고 합니다. 지금으로 치면 ‘애프터서비스AS’까지 해 준 거지요.

이런 마케팅 전략은 사람들에게 큰 호응을 얻었습니다. 싱어는 단숨에 1위 업체로 떠오릅니다. 1853년에는 고작 810대 팔았던 재봉틀을 1859년에는 1만 대 넘게 판매하지요. 1876년에는 26만 대 넘게 팔고요. 점차 재봉틀은 미국 중산층 가정의 필수품으로 자리 잡습니다.

매년 유용한 발명품이 쏟아집니다. 그중 상업적으로 성공해 실생활에 안착하는 제품과 기술은 손으로 꼽을 정도로 적습니다. 신기술

1892년경 싱어의 재봉틀 홍보 포스터. '전 세계가 싱어 재봉틀을 사용한다'는 카피가 보인다. 19세기 후반 싱어는 이미 유럽, 아시아, 남미 등에 지점을 두고 활동하던 글로벌 기업이었다.

이 얼마나 유용할지 잘 모르겠는데 가격까지 비싸면, 사람들은 선뜻 그 제품을 구매하지 않지요. 싱어는 이런 심리를 잘 파악한 겁니다. 싱거의 마케팅 전략은 오늘날에도 고가 제품 판매를 위해 널리 쓰여요.

사회로 진출한 여성들

세탁기, 재봉틀 같은 가전제품들은 여성의 삶과 세계 경제를 크게 바꾸어 놓았습니다. 여성들은 집안일이 줄어드니 사회로 진출할 기회를 얻습니다. 여성이라는 새로운 노동력이 대규모로 유입되어 경제는 급성장했고요. 또 돈을 번 여성들이 미용, 패션 등에 돈을 쓰면서 관련 산업이 발전했습니다. 장하준 런던대학교 SOAS 교수가 자신의 책 《그들이 말하지 않는 23가지》에서 "인터넷보다 세탁기가 세상을 더 많이 바꿨다"고 한 이유가 이해되시죠?

전기차는 어떻게 살아남았을까?

1월이 되면 세계의 눈이 미국 라스베이거스로 쏠립니다. 세계 최대 규모의 정보통신기술·가전 전시회 CES가 열리기 때문이죠. CES에서는 새로 선보인 기술과 제품들에 대한 탄성이 쉴 새 없이 터집니다. 하지만 여기서 소개된 기술과 제품들 중 살아남는 것이 얼마나 될까요? 실제로는 많지 않습니다. 그럼, 무엇이 생사를 가를까요? 기술의 생애를 살펴보면 알 수 있을 겁니다.

기술의 여정

먼저 기술은 질문에서 출발합니다. 대부분 과학자나 발명가는 불편함을 덜거나 호기심을 채우기 위해 질문을 던지죠. 나침반이나 플라스틱 같은 위대한 발명품도 '망망대해에서 배가 어디로 향하는지 알 방법이 없을까?', '천연 소재를 대체할 합성 소재를 만들 방법이 없을까?' 같은 질문에서 시작되었을 거예요.

갓 태어난 기술은 낯설고 사용하기 불편하며 가격이 비싸요. 이런 기술이 일상에서 쓰이려면 오랜 시간에 걸쳐 개선을 거듭해야 합니다. 만듦새를 다듬고 가격을 낮추고 쓸모를 알려 누구나 쉽게 사용할 수 있게 해야 하죠. 이런 연구·개발 단계를 넘어서야 비로소 시장으로 향하고 그곳에서 팔리게 됩니다. 물론 여기서도 끝은 아닙니다. 누구나 사용하는 단계에 이르러야 이 기술은 세상을 바꿀 기회를 얻습니다. 아주 험난한 과정이죠.

주류로 가는 길

미국의 컨설턴트 제프리 무어Geoffrey Moore는 이런 기술의 여정을 자신의 책 《캐즘 마케팅Crossing the Chasm》에서 이론적으로 설명합니다. 무어는 소비자 성향을 바탕으로 시장을 초기와 주류로 나누었습니다. 기술이 상용화된 직후에 등장하는 초기 시장에서는 혁신가와 얼리어댑터들이 구매자라고 분석합니다. 혁신가는 새로운 기술을 써보는 일 자체를 즐기는 집단, 얼리어댑터는 정보를 먼저 접하고 경쟁에서 앞서가려는 성향이 있는 집단입니다.

이들을 거쳐 그다음 도달하는 곳이 주류 시장입니다. 무어는 주류 시장은 기술이 쓸 만하다고 여기면 구매하는 초기 대중, 대다수가 그 기술을 쓸 때라야 구매하는 후기 대중, 그 기술을 안 쓰면 일상생활이 힘들어질 지경이 되어야 구매하는 말기 수용자로 이루어져 있다고 분석합니다. 초기 대중이 그 기술을 사용하기 시작했다면 대중화 단계 초입에 이르렀다고 평가할 수 있습니다.

초기 시장 구매자들은 신기술이 품고 있는 잠재력과 비전에 반응해요. 다소 불편하고 비싸더라도 신기술을 쓰기 위해 기꺼이 지갑을 열죠. 반면 주류 시장 구매자들은 무척 깐깐해요. 기술이 실용적인지, 가격이 적당한지, 사용에 불편한 점은 없는지 따져 보고 삽니다.

수많은 기술이 주류 시장 문턱을 넘지 못하고 사라집니다. '캐즘 Chasm'을 만나게 되거든요. 캐즘은 초기 시장에서 주류 시장으로 넘어가는 단계에서 대중에게 외면받아 수요가 정체하거나 오히려 줄어드는 현상을 뜻합니다. 땅이 크게 갈라지거나 깎여서 만들어진 깊은 틈이나 큰 협곡을 가리키는 말인데, 요즘은 기술 수용 과정을 설명할 때 더 많이 쓰입니다.

기술이 캐즘을 뛰어넘으려면 주류 시장의 깐깐한 구매자들의 선택을 받아야 합니다. 이때 중요한 것이 바로 생태계입니다. 단순히 기술이 적용된 제품 하나만 필요한 것이 아니라 제품을 편리하게 쓸 수 있게 도와줄 기반 시설, 주변 기기, 서비스, 금융 상품 등이 모두 갖추어져야만 주류 시장에 진입해 자리 잡을 수 있습니다.

사라진 신기술들

⚙

전기차를 예로 들어 볼게요. 미국 기업 테슬라는 2008년 자사의 전기차를 처음으로 판매하기 시작합니다. 당시 주 고객은 실리콘밸리의 젊은 기업가들이었습니다. 이들은 왜 기꺼이 비싼 전기차를 샀을까요? 기술 트렌드에 민감하고, 환경을 생각하는 사람으로 보이고 싶었기 때문이죠.

대다수 소비자는 전기차 구매를 주저했습니다. 내연기관차보다 비싼 데다 충전소도 부족했으니까요. 이런 문제들 때문에 전기차는 오랫동안 캐즘에 빠져 있었습니다.

2020년대 중반 다행히 전기차는 주류 시장에 서서히 진입합니다. 후발 주자들이 다양한 전기차를 출시하면서 소비자의 선택지가 넓어졌고, 더 싸고 멀리 가는 배터리를 만드는 기술도 개발되었거든요. 충전소를 비롯해 전기차를 편리하게 쓸 수 있는 기반 시설도 구축되었죠. 다시 말해 전기차 산업을 뒷받침할 생태계가 조성된 겁니다.

안타깝게도 많은 신기술이 전기차처럼 성공하지 못하고 사라졌습니다. 개인용 이동 수단으로 주목받았던 '세그웨이Segway', 집 안에서 입체 영상을 보여 주던 '3D TV'가 대표적인 예지요.

4장

드디어 열린 디지털 세상

3차 산업혁명
반도체
컴퓨터
인터넷
스마트폰
플랫폼

첨단 산업의 핵심, 반도체

'정보통신 혁명'으로 불리는 3차 산업혁명은 인류가 '디지털'이라는 새로운 세상으로 들어서게 했습니다. 정보통신 혁명을 일으킨 핵심 동력은 컴퓨터와 인터넷입니다. 컴퓨터와 인터넷이 등장하기 이전의 아날로그 세상이 원자로 이루어져 있다면, 디지털 세상은 비트라는 단위로 구성되어 있습니다. 비트는 전기를 이용해 모든 것을 온/오프ON/OFF라는 2가지로만 선택할 수 있게 만든 거예요. 그래서 비트를 표현할 때는 0과 1이라는 2개의 수만 사용하지요.

반도체는 디지털 세상을 구현하기 위한 핵심 부품입니다. 외부 조건에 따라 전기가 통하는 도체가 되었다가 전기가 통하지 않는 절연체가 되기두 하죠. 전류가 흐르거나 차단된 상태를 이용해 디지털 세상을 구성하는 0과 1의 조합을 만들어 낼 수 있지요.

반도체

반도체에 대한 본격적인 연구는 1940년대 초반, 미국의 통신 회사 AT&T의 자회사인 벨 연구소Bell Laboratories에서 시작되었습니다. 초기의 전화선에서는 거리가 멀어질수록 음성 신호가 약해져 대륙 간 통화가 어려웠어요. 전화선 중간중간에 진공관을 이용한 증폭 장치를 설치해 신호를 다시 키웠지요. 하지만 진공관은 크기가 크고 열이 많이 나서 고장이 잦고 유지·관리가 어려웠습니다. 오늘날 컴퓨터 오작동을 일으키는 문제를 '버그Bug'라고 표현하는데요, 진공관에 진짜로 벌레가 들어가서 문제를 일으키는 일이 잦아 생긴 말입니다. 벨 연구소는 진공관을 대신할 수 있는 더 작고 안정적인 부품을 개발하기 위해 애씁니다.

오랜 연구 끝에 존 바딘John Bardeen, 월터 브래튼Walter Brattain, 윌리엄 쇼클리William Shockley는 1947년 말 트랜지스터(transistor, '전달transfer할 때 지힝resistor을 조절한다'는 뜻)를 발명합니다. 이 공로를 인정받아 1956년 세 사람은 노벨 물리학상을 받습니다.

초기의 트랜지스터는 주로 게르마늄으로 만들어졌습니다. 그러나 게르마늄은 열에 약해 온도가 조금만 높아져도 성능이 불안정해져 정밀한 기계나 장치에 사용하기에는 한계가 있었습니다. 1954년 미국 텍사스 인스트루먼트의 연구원 고든 틸Gordon Teal이 이 문제를 해결합니다. 그는 세계 최초로 실리콘 트랜지스터를 개발하고 이를 상업화하는 데 성공합니다. 실리콘은 열에 강할 뿐 아니라 지구에 풍부하게 존재해 쉽게 구할 수 있는 것이 장점입니다. 오늘날에도 실리콘은 반도체를 만드는 핵심 재료예요.

실리콘밸리

실리콘밸리Silicon Valley는 미국 캘리포니아주 샌프란시스코만 남쪽 지역으로, 반도체 산업이 발전하면서 형성된 기술 중심지를 가리킵니다. 트랜지스터 공동 개발자 중 한 명인 쇼클리 박사가 1956년 이 지역에 쇼클리 반도체 연구소를 설립합니다. 이후 그의 연구소에서 일하던 연구자들이 독립해 페어차일드 반도체Fairchild Semiconductor를 세웠고, 이 회사에서 인텔·AMD 같은 반도체 기업들이 탄생하지요. 시간이 지나 실리콘밸리에는 첨단 기술을 보유한 기업과 인재들이 모여들었고, 실리콘밸리는 세계적인 기술 혁신의 중심지로 발전합니다. 실리콘밸리라는 용어는 1971년 미국 언론에서 이 지역을 가리키며 처음 사용했어요.

초기 실리콘밸리 기업들에게 반도체를 구매한 주 고객은 미국 국방부였습니다. 미사일, 레이더 등 첨단 무기를 만들려면 작고 정밀한 반도체가 꼭 필요했거든요. 특히 1957년 미국은 경쟁자였던 소련이 세계 최초로 인공위성(스푸트니크 1호) 발사에 성공하자 큰 충격

실리콘밸리에서는 1950년대에 HP 같은 하드웨어·전자 기업이 성장했고, 1960~80년대에는 인텔과 같은 반도체 기업이 주목을 받았다. 1970~90년대에는 애플을 중심으로 개인용 컴퓨터 기업이 부상했으며, 1990년대에는 구글과 같은 인터넷 기업이 등장했다. 2000년대에는 메타(옛 페이스북)와 같은 소셜 미디어 기업이 주목을 받았다. 사진은 2022년 드론으로 촬영한 애플 본사 건물인 '애플 파크' 모습

을 받습니다. 이후 반도체 기업들에 투자와 압박을 해 가며 기술을 확보하는 일에 매달리죠. 그 과정에서 반도체 제조 기술도 비약적으로 발전합니다.

1958년 마침내 텍사스 인스트루먼트의 엔지니어 잭 킬비Jack Kilby 가 게르마늄을 기반으로 한 최초의 집적회로를 개발합니다. 집적회

기술이 바꾼 일상의 역사

로란 수많은 전자 부품과 회로를 하나의 작은 반도체 칩 위에 집적하여 만든 시스템을 말해요. 1959년 페어차일드 반도체의 로버트 노이스Robert Noyce는 킬비의 아이디어를 개선해 실리콘 기판에 모든 부품과 배선을 형성하는 단일 칩 방식을 개발합니다. 오늘날 반도체 하면 떠올리는 바로 그 칩 형태가 드디어 완성된 겁니다.

일본의 부상

1960년대 미국은 냉전이 시작되자 일본에 경제 재건을 지원했습니다. 2차 세계대전 패전국이 경제적인 어려움을 겪다 공산 국가가 될까 봐 우려했기 때문이지요. 경제 재건 지원 일환으로 미국 정부는 텍사스 인스트루먼트 등의 초기 반도체 기술을 일본 기업에 이전하고, 일본에서 협력 기업을 찾았습니다. 일본은 전자 산업을 육성해 경제 강국으로 도약할 수 있는 기반을 마련합니다.

이후 소니, 샤프 등 일본 기업들은 트랜지스터를 이용해 라디오, 계산기 같은 소비재를 만들었습니다. 값싸고 품질 좋은 일본산 가전 제품은 세계 시장에서 돌풍을 일으킵니다. 1970년대 오일 쇼크 때문에 미국 반도체 기업들이 투자를 주저하거나 줄일 때, 일본 기업들은 정부 지원을 받아 디램(DRAM, 메모리 반도체의 한 종류) 분야에 대규모로 투자를 합니다. 그 결과 1980년대에 세계 디램 시장을 장악합니다. 인텔을 비롯한 미국 기업들은 오히려 디램 분야에서 철수하는 신세가 되었고요.

미국은 위기를 느낍니다. 일본을 견제하기 시작하지요. 1985년 미국은 뉴욕 플라자호텔에 일본, 독일, 영국, 프랑스 경제 수장들을 불러 모아 이른바 '플라자 협정Plaza Accord'을 체결합니다. 핵심 내용은 5개국이 외환 시장에 개입해 미국 달러 가치는 낮추고 일본 엔화 가치를 높이자는 겁니다. 엔화 가치를 높이면 어떻게 될까요? 세계 시장에서 일본 제품 가격이 높아지죠. 일본 입장에선 수출이 잘 안 되니 반길 일이 아니었습니다.

1986년 미국은 미·일 반도체 협정도 체결합니다. 일본이 미국에 반도체를 수출할 때 싼값에 팔지 못하게 규제하고, 일본이 국내 반도체 시장을 개방해 미국 반도체를 구매하도록 한 것이 핵심 내용입니다.

글로벌 공급망

이런 상황이 후발 주자들에게는 기회였습니다. 대표적인 후발 주자가 삼성전자입니다. 삼성전자는 1974년 반도체 산업에 뛰어들었지만, 10년 가까이 일본을 따라잡으려고 애를 썼는데도 별 성과를 얻지 못했습니다. 그러다 1992년 세계 최초로 64Mb 디램을 개발하며

 기술이 바꾼 일상의 역사

반도체 기술은 항상 세계 패권 경쟁의 중심에 있었다. 미국과 소련으로 나뉜 냉전 시대에 반도체는 두 나라의 군사력과 첨단 무기 성능의 우열을 가리는 결정타였다. 오늘날 미국과 중국의 경쟁에서도 마찬가지다. 반도체는 인공지능, 로봇 등 첨단 기술의 두뇌가 되어 상대의 성장을 억누르고 자국의 안보를 지키는 핵심 부품이다. 사진은 2025년 경주 APEC 정상회의에 앞서 부산에서 만난 도널드 트럼프 미국 대통령과 시진핑 중국 국가주석

존재감을 드러내기 시작합니다. 네덜란드의 기업 ASML도 노광 장비(Photolithography Equipment, 반도체 원판인 웨이퍼 위에 빛을 쏴서 회로를 새기는 기계) 분야에서 일본을 따라잡지요.

대만은 반도체를 제조하는 핵심 기지로 부상합니다. 1980년대부터 실리콘밸리에는 공장 없이 반도체 설계만 하려는 기업들이 등장했어요. 이런 반도체 설계 전문 기업을 팹리스Fabless라고 하는데 엔비디아, 퀄컴, 애플 등이 대표적입니다. 팹리스가 설계한 반도체를

생산해 주는 기업을 파운드리Foundry라고 합니다. 대만 회사 TSMC, 한국의 삼성전자가 대표적이지요. TSMC는 텍사스 인스트루먼트에서 오랫동안 일한 중국계 미국인 모리스 창이 대만 정부에 제안해 1985년 세워집니다.

이로써 반도체 분야에서는 글로벌 분업 체계가 완성됩니다. 미국, 한국, 대만, 네덜란드 등지에 흩어진 기업들이 서로 잘하는 것에 집중하고 협력하며 고성능 반도체를 만들어 내는 거지요. 물론 일본 기업들도 여전히 감광제Photoresist, 에칭가스 등 핵심 소재를 공급하며 반도체 생산의 한 축을 담당합니다. 반도체 글로벌 분업 체계에서는 한 곳이라도 문제가 생기면 반도체 개발과 생산에 곧바로 차질이 생깁니다.

그런데 2020년대 들어 중국의 반도체 기술이 무서운 속도로 발전합니다. 미국은 반도체 시장에서 주도권을 잃지 않기 위해 온갖 수단을 동원하고 있습니다. 미국 국내외의 기업들에게 중국에 최신 반도체와 반도체 관련 장비를 수출하지 못하게 압박하는가 하면, 관세를 무기로 내세워 이 기업들을 미국 안으로 모두 끌어들이려고 하지요. 이로 인해 글로벌 분업 체계에 균열이 생기고 있습니다.

기술이 바꾼 일상의 역사

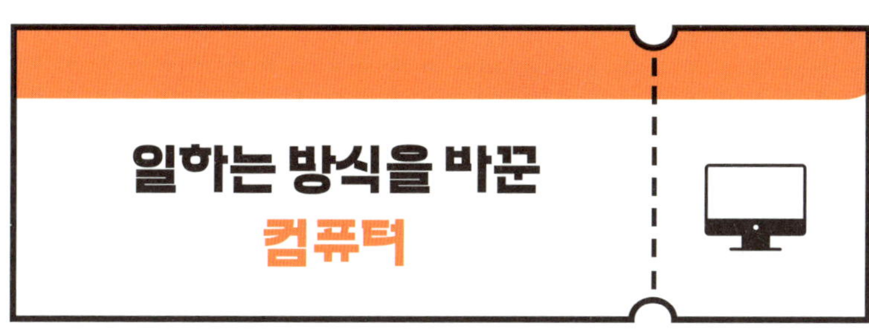

컴퓨터computer는 라틴어 '함께 계산하다/정리하다computare'에서 유래했는데, 17세기부터 20세기 중반까지는 계산만 전문으로 하는 직업인 '계산수'를 이르는 말이었습니다. 당시 천문학자들은 행성의 위치를 구하기 위해 인간 컴퓨터를 고용했습니다. 20세기 초까지 컴퓨터는 주로 여성 직업이었으며, 이들은 대규모로 팀을 이루어 계산의 정확도를 높였다고 하네요.

전자공학

그럼 언제부터 컴퓨터는 직업이 아닌 전자기기가 되었을까요? 사실 인류는 꽤 오래전부터 계산을 돕는 도구를 만들려고 시도했습니다.

1949년 미국 항공우주국의 계산수들

가장 원시적인 계산 도구인 주판은 기원전 3000년경 메소포타미아에서 원형이 개발된 뒤 지금까지 사용되고 있습니다. 17세기에는 독일의 빌헬름 시카르트Wilhelm Schickard가 '계산 시계'를, 프랑스의 블레즈 파스칼Blaise Pascal은 '파스칼린'이라는 기계식 계산기를 개발합니다. 당시 시카르트는 천문학 교수였고, 파스칼은 아버지가 세금 징수원이었습니다. 둘 다 계산을 좀 더 쉽게 할 방법을 궁리하다 계산기를 발명한 것이지요. 파스칼은 약 10년 동안 수십 대의 파스칼린을 판매했습니다. 하지만 이 계산기들은 톱니, 휠, 다이얼 등 복잡한 부품으로 이루어져 고장이 잦고 관리도 어려웠습니다.

전기전자공학이 발전하면서 비로소 컴퓨터는 사람이 아닌 기계의 일이 됩니다. 1904년 영국의 과학자 존 플레밍 John Fleming은 '2극 진공관(플레밍 밸브)'을 개발합니다. 1906에는 미국의 발명가 리 디포리스트 Lee De Forest가 3극 진공관을 발명하고요. 진공관은 진공 상태의 유리관 속에 있는 금속 필라멘트를 뜨겁게 달구면 전자를 내보내는 현상을 이용해 전기의 흐름을 조절하거나 증폭하는 부품입니다. 한때 전자·통신 분야에서 널리 쓰였지만, 크기가 크고 고장이 잦아 1947년 발명된 트랜지스터에 자리를 내주고 사라졌지요.

하지만 진공관은 전자계산기와 초기 컴퓨터의 개발에 매우 중요한 역할을 했습니다. 반도체와 마찬가지로, 진공관은 0과 1이라는 두 가지 상태로만 작동했습니다. 전기가 흐르면 1이고, 흐르지 않으면 0이었지요. 이런 특성을 이용해 숫자를 이진법으로 표현하면 인간보다 훨씬 빠르게 계산을 할 수 있었습니다. 그래서 복잡한 수학 계산을 하는 기계를 만드는 데 중요한 부품으로 사용된 거지요.

3극 진공관

약한 전기 신호를 크게 만들어서, 라디오와 무선 통신이 가능하게 해 준 중요한 발명품이다. '3극'은 진공관을 구성하는 열선(음극, 전기를 내보내는 곳), 격자(전기 흐름을 조절하는 곳), 양극(전기를 받아들이는 곳) 세 부분을 가리키는 말이다. 3극 진공관 이전에는 무선 신호가 너무 약해 소리가 거의 안 들렸다. 3극 진공관은 약한 신호를 크게 만들고, 라디오 소리도 또렷하게 들리게 했다.

PC 시대

1936년 영국의 수학자 앨런 튜링Alan Turing은 가상의 계산기인 '튜링 머신'의 작동 원리에 관한 논문을 발표합니다. 튜링 머신은 데이터를 저장하는 긴 테이프, 테이프의 데이터를 읽고 쓰는 헤드, 현재 상태에 따라 다음 할 일을 정하는 상태기록기·규칙표로 이루어져 있었죠. 현대 컴퓨터의 기억장치, 중앙처리장치CPU, 프로그램을 떠올리게 합니다. 튜링의 이론은 현대 컴퓨터를 설계하는 바탕이 되었습니다.

컴퓨터를 탄생시킨 결정적인 사건이 2차 대전입니다. 적의 암호를 풀고 미사일의 탄도를 정확히 계산하는 일은 인간의 능력을 넘어서는 것이었으니까요. 독일의 Z1(이후 Z3/Z4), 영국의 콜로서스Colossus, 미국의 ABC 등의 컴퓨터가 비밀리에 개발되고, 이 중 콜로서스는 영국의 암호 해독에 직접 투입되어 연합군의 승리에 기여했습니다.

이런 초기의 컴퓨터들은 압도적인 성능만큼이나 덩치도 엄청나게 컸습니다. 1946년 공개된 컴퓨터 에니악ENIAC은 무게만 30톤에 이르렀습니다. 회로를 구현하는 데 진공관 약 1만 8천 개, 저항기 7만 개 이상이 들어갔습니다. 이런 이유로 컴퓨터는 국방부나 대학 연구실처럼 특별한 곳에서만 쓸 수 있었어요.

개인용 컴퓨터PC, Personal Computer가 나타난 것은 1970년대입니다. 반도체 기술 발전으로 **마이크로프로세서**microprocessor가 등장하면서

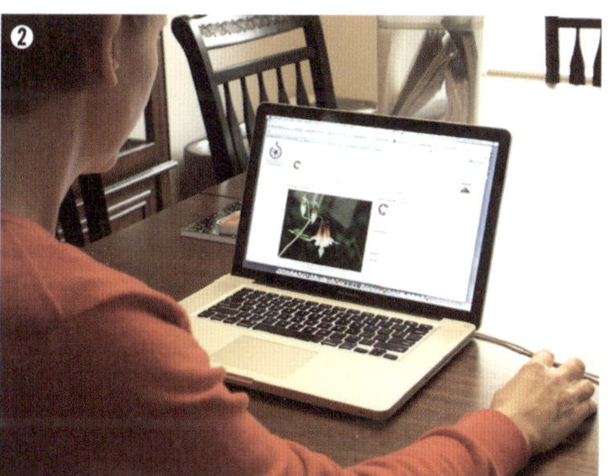

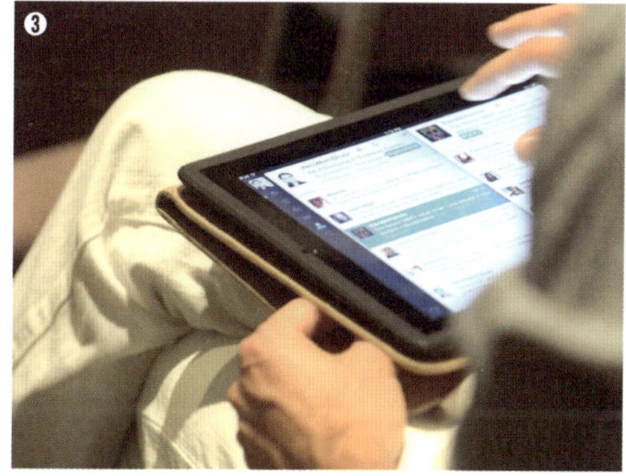

인터페이스는 사람과 컴퓨터를 이어 주는 다리 같은 것으로, 사람이 컴퓨터에게 말을 걸고, 컴퓨터가 화면으로 대답해 주는 방법 전체를 가리킨다. 아이콘(그림 버튼), 메뉴, 창, 마우스 같은 것이 모두 인터페이스다. 컴퓨터가 발전하면서 인터페이스도 바뀌었다. 명령어를 직접 입력하는 방법CLI, Command Line Interface → 화면에 보이는 아이콘을 클릭하는 방법GUI, Graphical User Interface → 스마트폰이나 태블릿처럼 손가락으로 화면을 터치하는 방법(터치 인터페이스) → "헤이, 오늘 날씨를 알려 줘!"라고 말로 명령하면 컴퓨터가 대답하는 방법(말로 하는 인터페이스)으로 변천해 왔다. (1번부터) CLI, GUI, 터치 인터페이스

컴퓨터가 책상에 놓을 만한 크기로 작아졌거든요. PC가 막 등장했을 때 하드웨어는 구조를 갖추었지만, 소프트웨어는 표준화되지 않았고 응용 프로그램도 적었습니다.

1970년대 후반 애플II, 1980년대 초반 IBM PC가 등장하고 MS-DOS 등 운영체계가 보급되면서 컴퓨터가 대중화되기 시작했지요. 이후 아이콘, 메뉴, 버튼, 창 같은 그래픽 사용자 인터페이스GUI, Graphical User Interface가 개발되면서 컴퓨터를 더 편하게 사용할 수 있게 되었습니다. 지금은 마우스로 메뉴를 누르고 창 여닫는 것을 당연시하지만, 초기 PC에는 마우스가 없었습니다. 일일이 명령어를 입력해야 했어요. 현대 컴퓨터의 운영체계(윈도, macOS 등)는 GUI를 기본으로 포함하고 있지요.

화이트칼라의 등장

컴퓨터는 업무 환경도 크게 바꾸어 놓았습니다. 컴퓨터가 보급되기

마이크로프로세서

컴퓨터의 두뇌 역할을 하는 작은 전자 칩이다. 컴퓨터가 계산을 하고, 판단을 내리며, 명령을 실행하도록 하는 핵심 부품이다. 우리가 프로그램을 실행하면 마이크로프로세서가 그 명령을 읽고 계산을 하고 결과를 화면이나 다른 장치로 보낸다. 1970년대 초 여러 개의 연산 회로를 하나의 작은 반도체 칩에 집적하면서 탄생했다. 거의 모든 전자기기에 들어 있다.

  기술이 바꾼 일상의 역사

1990년대 서울의 한 사무실 모습. 수동 타자기가 놓였던 자리에 컴퓨터가 놓였다. 컴퓨터를 모르면 사무직에서 일하기 어려울 정도로 컴퓨터는 사무직의 업무 환경을 완전히 바꾸어 놓았다.

전 사무실은 종이 장부와 서류 뭉치, 이를 보관하기 위한 철제 캐비닛들이 가득했어요. 계산할 때는 주판을 사용했고, 수동 타자기 소리도 요란했습니다.

1980년대 이후 사무실 책상에는 컴퓨터가 놓였고, 주판과 수동 타자기는 서서히 자취를 감추었습니다. 데이터는 디지털 파일로 만들어 보관하고 기획·설계·회계·문서 작성 등 업무 대부분을 컴퓨터로 처리하게 되었지요. 단순하고 반복적인 업무가 줄어들자 기업들의 생산성도 올라갔습니다.

　주요 산업이 제조업에서 서비스업, 정보통신산업 위주로 재편되면서 일자리도 달라졌습니다. '블루칼라blue-collar'를 제치고 '화이트칼라white-collar' 일자리가 폭발적으로 늘어난 겁니다. 블루칼라는 푸른 작업복을 주로 입는 생산직 노동자, 화이트칼라는 하얀 셔츠를 입는 사무직 노동자를 뜻하는 말이에요. 컴퓨터를 능수능란하게 다루고 데이터 해석하는 능력을 갖춘 화이트칼라가 일터에서 더 각광을 받았습니다.

정보와 지식을 퍼뜨린 인터넷

전쟁은 많은 사람을 죽게 할 뿐 아니라 또 그동안 이루어 놓은 많은 것을 파괴하지요. 그런데 참 아이러니합니다. 전쟁만큼 기술을 획기적으로 발전시키는 것 또한 없기 때문입니다. 오직 승리하기 위해 인재, 시간, 비용을 아낌없이 쏟아붓는 과정에서 새로운 기술이 싹트게 된 거지요. 전쟁을 위해 개발한 기술은 보통 전쟁이 끝난 후에는 민간 영역으로 이동해 경제와 산업을 변화시켰습니다. 정보통신 혁명을 가져온 컴퓨터와 인터넷도 알고 보면 전쟁의 산물입니다.

아파넷

2차 대전이 끝난 1945년부터 미국과 소련은 최강대국의 자리를 놓

고 다툽니다. 이 시기를 '냉전cold war'이라고 하지요. 두 나라는 이데 올로기, 외교력, 군사력, 기술력 등 모든 분야에서 총성 없는 전쟁을 벌였습니다.

미국은 국방부 산하에 고등연구계획국ARPA을 설립해 소련보다 기 술에서 앞서기 위해 다양한 연구를 벌입니다. 그 결과물이 1969년 탄생한 아파넷ARPANET입니다. 아파넷은 정보를 작은 조각, 즉 **패킷** Packet으로 나누어 여러 길로 보내는 '패킷 교환 방식'을 사용한 네트 워크로, 한 곳에 문제가 생겨도 계속 통신할 수 있게 만든 통신망입 니다. 어떤 길이나 컴퓨터에 문제가 생기면 그 길로 가던 패킷은 멈 추고 다른 길을 이용해 목적지로 향합니다. 통신이 완전히 끊기지 않고 계속 이어질 수 있는 것이죠.

흔히 아파넷이 '핵 공격에도 살아남기 위한 군사 네트워크'로 개 발되었다고 알려져 있는데, 실제 목적은 미국 내 여러 대학과 연구 소의 메인프레임 컴퓨터에 원격으로 접속해 자원(연산장치, 저장 공간, 응용 프로그램 등)을 공유하려는 것이었습니다. 당시에는 컴퓨터가 매 우 크고 비싸서 한 기관이 모든 컴퓨터를 소유하기 어려웠거든요. 그래서 네트워크를 통해 멀리 떨어진 특정 대학이나 연구소의 컴퓨

🔍 패킷

컴퓨터 네트워크에서 큰 데이터를 효율적이고 안정적으로 전송하기 위해 작은 단위로 나눈 데이터 조각을 말한다. 목적지 컴퓨터에 이르면 모든 조각이 맞추어져 데이터가 완성된다.

기술이 바꾼 일상의 역사

터를 마치 내 앞에 있는 것처럼 사용하려던 겁니다. 즉 다른 컴퓨터의 CPU를 이용해 시뮬레이션이나 계산도 하고, 저장 공간에 저장을 하거나 저장 공간에 접속해 저장된 정보를 가져다 쓰기도 하고, 필요한 응용 프로그램에 접속해 쓰는 식이었죠. 다만, 패킷 교환 방식이라 일부분이 파괴되더라도 다른 경로로 데이터가 전달되어 결과적으로는 매우 견고한 네트워크 구조를 갖추게 된 겁니다.

월드와이드웹

1983년 아파넷은 TCP/IP 방식을 표준 프로토콜로 채택합니다. 쉽게 말해 TCP/IP 방식을 데이터를 주고받는 공통 규칙으로 삼았다는 뜻입니다. TCP/IP 방식은 데이터를 패킷으로 나누어 보내고 수신지에서 다시 순서대로 재조합하도록 한 거예요. 공통 규칙이 생기면서 서로 다른 네트워크가 연결될 수 있었고, 마침내 '인터넷 Internet'이란 개념이 탄생하죠. 인터넷은 'Inter(사이)'와 'Network(통신망)'를 조합한 말로, '네트워크 간의 연결망'이란 뜻입니다.

아파넷은 1980년대 후반부터 점차 민간 영역에 개방되다가 1990년경 공식적으로 운영이 종료됩니다. 그 무렵, 영국의 컴퓨터 과학자 팀 버너스리Tim Berners-Lee는 유럽 입자물리연구소CERN에서 자신이 발명한 '월드와이드웹www'을 1990년 크리스마스에 작동시켰

WWW를 개발해 인터넷을 누구나 쉽게 사용할 수 있게 한 팀 버너스리

고, 1991년 8월 이를 인터넷에 공개하며 세계인 누구나 쓸 수 있게 합니다. WWW은 세계의 정보와 문서를 하이퍼링크(글자나 그림을 누르면 다른 페이지나 정보로 바로 이동시켜 주는 연결)를 통해 거미줄처럼 연결하는 방식입니다. 인터넷에서 다양한 정보를 쉽게 찾을 방법을 고민하다가 이런 방식을 떠올렸다고 해요. 버너스리는 웹페이지를 만드는 언어인 HTML, 데이터를 주고받는 규칙인 HTTP, 웹사이트에 접속할 수 있는 주소 체계인 URL 등 현대 웹의 핵심 기술도 만들었습니다. 세계 최초의 브라우저인 'WorldWideWeb'을 직접 개발하기도 했죠. 현대 인터넷의 기틀인 '웹Web'의 개념을 실질적으로 모두 구현해 낸 겁니다.

닷컴 버블

인터넷이 대중화되려면 '생태계'가 필요합니다. 집집마다 인터넷

에 접속할 수 있는 기기가 보급되어야 했고, 세계를 잇는 통신망도 깔려야 합니다. 사람들이 이용할 만한 웹사이트와 온라인 서비스들도 필요하죠. 이런 생태계를 형성해 준 것이 아이러니하게도 20세기 마지막 투기 광풍으로 불린 '닷컴 버블'입니다. 닷컴 버블dot-com bubble은 2000년 전후에 인터넷 기업들을 지나치게 높게 평가했다는 사실이 밝혀지면서 일어난 세계적인 경제 혼란을 말합니다. 1990년대 후반 세계적으로 인터넷 산업에 과도하게 기대를 품으면서 이른바 닷컴 기업들의 가치가 실제보다 부풀렸습니다. 왜 이런 현상이 일어났을까요?

1990년대 인터넷이 서서히 알려지면서 사람들은 인터넷을 잘 이용하면 큰돈을 벌 수 있다고 믿게 되었어요. 1995년 인터넷 브라우저를 만드는 기업 '넷스케이프'가 성공적으로 주식 시장에 데뷔하자 이런 믿음이 점점 더 커지죠. 투자자들은 기업의 사업 모델이 정말 이윤을 낼 수 있는지를 보지 않았어요. 그 기업의 홈페이지 방문자 수, 페이지뷰 같은 것만 보고 기업들의 가치를 평가하려고 했지요. 회사 이름에 닷컴(.com)이 붙어 있으면, 몰려가 투자했습니다. 한국에서는 1999년 정부의 벤처 기업 육성 정책을 계기로 '벤처 열풍'이 일어났죠.

청년들은 너도나도 부자가 되겠다는 꿈을 안고 창업에 뛰어들었어요. 미국의 구글(현재는 알파벳)과 아마존, 한국의 네이버와 다음(현재는 카카오) 같은 기업들이 이 시기에 탄생했습니다.

닷컴 버블은 미국의 중앙은행인 연방준비제도Fed가 **기준금리**를 올리면서 순식간에 꺼져 버립니다. 돈을 빌릴 때 내야 하는 비용을 이자라고 하고, 금리는 빌린 돈(원금)에 대해 내야 하는 이자의 비율을 뜻합니다. 금리가 오르면 같은 돈을 빌리더라도 더 많은 이자를 내야 하니, 사람들은 돈을 빌리기를 꺼립니다. 위험한 투자를 피하고, 은행에 저축해 안전하게 이자를 받는 것이 낫다고 생각하지요.

투자자들은 닷컴 기업들의 가치를 다시 평가하기 시작합니다. 접속자가 많아도 이익을 내지 못하는 기업에 투자했던 돈을 거두어들였죠. 돈줄이 마른 기업들이 줄줄이 파산했고, 세계 경제는 한동안 이로 인한 후유증에 시달렸습니다.

인터넷 산업에 대한 과도한 기대는 인터넷 시대를 앞당기는 긍정적인 영향도 끼쳤습니다. 통신망이 빠르게 깔리게 했고, 기업들이 다양한 사업 모델을 과감하게 실험할 수 있게 했습니다. 인터넷의 '실질적인 활용처'를 폭발적으로 늘려, 소비자와 기업들이 인터넷을 필수 도구로 인식하게 했고요. 이런 과정을 거치면서 인터넷 생태계가 빠르게 자리 잡았습니다. 국경을 넘어 지식과 정보가 퍼질 수 있

기준금리

나라의 경제 상황과 물가를 고려해 중앙은행이 정하는 금리다. 보통 금융기관이 중앙은행에서 단기간 돈을 빌릴 때 적용되는 금리가 기준이 된다. 기준금리가 오르거나 내리면, 은행이 돈을 조달하는 비용과 예금·대출 금리도 함께 움직인다. 중앙은행은 기준금리를 이용해 경기와 물가를 조절한다.

기술이 바꾼 일상의 역사

는 고속도로가 깔렸고요. 닷컴 버블에서 살아남은 기업들은 디지털 시대를 움직이는 큰 힘을 쥐게 됩니다.

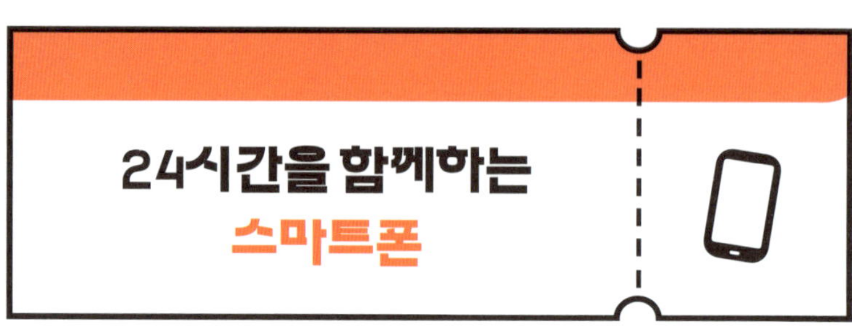

"오늘 애플은 전화기를 새롭게 정의하겠습니다."

2007년 애플 창업자 스티브 잡스Steve Jobs는 연단에 올라 세상에 처음으로 아이폰을 소개했습니다. 잡스가 호언장담한 대로 아이폰은 전화기의 역할을 완전히 바꾸어 놓았지요. 어떻게 바꾸어 놓았을까요? 전화기를 '스마트폰'으로 바꾸어 놓은 겁니다.

스마트폰smartphone은 기존 전화기와 무엇이 다를까요? 가장 큰 차이는 PC 수준의 운영체계를 탑재해 '손 안의 컴퓨터'를 구현했다는 겁니다. 이후 앱 스토어를 통해 다양한 응용 프로그램까지 다운받을 수 있게 되면서, 스마트폰은 24시간 우리와 함께하며 모든 일을 처리할 수 있는 만능 기기가 되었습니다.

사실 아이폰이 나오기 전에도 손 안의 컴퓨터를 만들려고 시도

기술이 바꾼 일상의 역사

한 기업들이 있었습니다. 1992년 IBM이 만든 사이먼simon이 최초였어요. 물론 당시에 스마트폰이라는 개념은 없었고요. 스마트폰이라는 용어를 처음 사용한 건 스웨덴의 통신 장비 제조 기업인 에릭슨Ericsson입니다. 에릭슨은 1997년 키보드(자판) 형태의 입력 장치를 단 '페넬롭(GS 88)' 모델을 출시했는데, 이 제품을 '똑똑한 전화기(스마트폰)'라고 홍보했죠.

이 전화기들은 통화 말고도 이메일 송수신, 메모 등의 기능을 갖추고 있었습니다. 그럼에도 소비자의 외면을 받았어요. 비싼 데다 무겁고, 배터리 수명이 짧고, 성능도 낮았기 때문이죠. 페넬롭은 겨우 200대가 생산됐는데, 이조차 제대로 판매되지 못했다고 합니다. 2000년대 모토로라, 블랙베리, 노키아 등도 스마트폰을 내놓았지만, 비싸고 조작하기 어려워 일부 얼리어댑터들만 사용하고 말았습니다.

사용자 경험

아이폰은 대중의 지갑을 여는 데 성공합니다. 스티브 잡스는 '사용자 경험'을 개선해야 스마트폰 시장이 열릴 거라고 분석했습니다. 여기서 사용자 경험이란 무엇일까요? 스티브 잡스의 제품 개발 철학에서 힌트를 얻을 수 있습니다.

"기술은 보이지 않는 곳에서 작동하고, 사용자는 오직 그 편리함과 즐거움(경험)만 느끼면 됩니다."

잡스는 먼저 사용자를 이해하려고 했어요. 사용자가 기술을 의식하지 않고 직관적으로 편리하게 사용할 수 있는 제품을 만들어야 한

 기술이 바꾼 일상의 역사

다고 생각한 겁니다. 숫자, 문자 등을 입력하는 자판을 과감히 없애고, 기기 전체를 덮는 커다란 터치스크린을 달았지요. 손가락으로 화면을 터치만 하면 통화, 인터넷 연결, 음악 재생 등 다양한 일을 할 수 있었어요. 이런 노력은 곧 빛을 발합니다. 아이폰은 출시한 첫 주에만 약 27만 대가 팔리면서 세계의 주목을 받았으니까요.

2008년 애플이 '앱 스토어App Store'를 공개하면서 스마트폰은 대세로 굳어집니다. 앱은 애플리케이션을 줄인 말로, 스마트폰을 비롯한 모바일 기기에 설치하는 응용 프로그램을 뜻해요. 앱을 자유롭게 사고파는 앱 스토어라는 장터가 생기면서, 스마트폰은 컴퓨터처럼 사용자들이 원하는 기능을 무엇이든 설치할 수 있는 만능 기기가 됩니다.

이동통신기술

이동통신기술의 발전도 스마트폰 시대를 여는 데 힘을 보탰습니다. 이동통신은 사용자가 장소에 구애받지 않고 자유롭게 통신할 수 있는 기술을 말해요.

1940년대 군대·경찰·택시 등에서 사용하던 무선 라디오 통신이 이동통신기술의 뿌리라고 할 수 있어요. 다만 당시 기술은 현대 이동통신기술과 좀 다릅니다. 40년대에는 특정 지역에 거대한 송신탑을 세운 뒤 강력한 전파를 쏘아서 통신을 했거든요. 송신탑에서 멀어질수록 신호가 약해지고, 한 번에 통화할 수 있는 인원이 제한되는 문제가 있었습니다.

이 문제를 해결하기 위해 1947년 벨 연구소 연구원 더글러스 링Douglas Ring은 '셀Cell' 방식을 제안합니다. 도시를 세포처럼 생긴 작은 구역으로 나누고, 구역마다 기지국을 세우자는 것이지요. 영어로 휴대전화를 셀폰Cell phone 또는 셀룰러폰Cellular phone이라고 하는데, 셀 방식에서 유래된 이름입니다.

1980년대부터 셀 방식이 상용화되면서 현대적인 이동통신 시대가 열립니다. 유엔 산하 정보통신기술기구인 국제전기통신연합ITU은 이동통신 발전 단계에 따른 기술 표준을 세대Generation로 구분하는데요, 현재 우리는 5세대(5G)에 와 있습니다.

1세대(1G) 이동통신은 아날로그 방식입니다. 아날로그 통신은 소리나 정보를 끊기지 않고 부드럽게 보내는 방식인데, 신호가 약해지거나 끊기는 현상이 생겼습니다. 옛날 라디오와 유선 전화를 떠올리면 이해하기 쉬울 거예요. 당시에는 휴대전화로 음성통화만 할 수 있었어요.

1990년대 2세대(2G)가 되자 통신 방식이 디지털로 바뀝니다. 정보를 0과 1이라는 디지털 신호로 바꾸어 보내면, 통신 거리가 멀어져도 또렷한 음질로 통화할 수 있습니다. 짧은 문자메시지SMS, Short Message Service도 주고받을 수 있고요. 2세대에서 휴대전화가 대중화

이동통신기술 역사를 한눈에 보여 주는 대표적인 폰들. (1번부터) 벽돌폰으로 불린 1세대 폰(Motorola Dyna TAC 8000X), 2세대(Nokia 3310), 3세대(Blackberry Bold 9700), 4세대(HTC Evo 4G LTE), 5세대(Samsung Galaxy A17 5G)

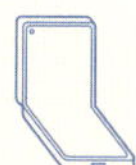

됩니다.

2000년대는 3세대(3G)로 접어들어요. 이때부터 좀 느리지만, 영상통화와 무선인터넷을 할 수 있는 수준까지 데이터 전송 속도가 빨라집니다. 2010년대 시작된 4세대(4G)에서는 데이터 전송 속도가 더욱 빨라지고요. 유튜브, 넷플릭스 같은 영상 스트리밍 서비스를 비롯해 SNS, 모바일 게임도 자유롭게 이용할 수 있게 됩니다. 드디어 앱 중심의 스마트폰 생활이 열리죠.

원격 근무와 유연 근무

2020년부터 시작된 5세대에서는 이전 세대보다 속도가 최대 20배 빨라집니다. 8K급 초고화질 영상이나 게임을 스트리밍할 수 있고, 주변 상황에 아주 빠른 속도로 반응해야 하는 자율주행이나 원격수술도 얼마든지 구현할 수 있게 되었지요.

사물인터넷IoT, Internet of Things도 사용할 수 있어요. 사물인터넷은 주변에 있는 모든 사물을 네트워크로 연결하는 기술입니다. 기기들이 알아서 센서를 이용해 온도, 습도 등 주변 환경 정보를 수집하고, 수집한 정보를 네트워크를 통해 주고받으며 서로 상태를 제어합니다. 보통 스마트폰이나 스마트스피커를 사물인터넷의 허브(중심)로 사용하는데요, 여기에 미리 설정을 해 두면 사람 손이 닿지 않아도

기술이 바꾼 일상의 역사

이동통신기술이 발전하면서 사람들은 시간과 장소에 구애받지 않고 일할 수 있게 되었다. 한편으로는 업무 시간이 늘어나 노동자의 휴식권이 침해당하는 문제도 생겼다.

기기를 제어할 수 있어요. 실내 온도가 올라가면 알아서 에어컨이 켜지고, 밤이 되면 자동으로 조명이 켜지는 식이지요.

스마트폰과 이동통신기술은 일하는 방식을 또다시 바꾸어 놓았습니다. 회의, 계약, 협업 등 모든 업무를 온라인에서 할 수 있게 되면서 공간의 제약이 사라졌거든요. 사무실이 아닌 다른 곳에서 일하는 원격 근무나 출퇴근 시간을 원하는 대로 조정하는 유연 근무를 하는 기업들이 늘어났습니다. 특히 2019년 말부터 시작된 코로나19 팬데믹은 일하는 방식을 빠르게 바꾸었지요. 사람의 이동과 물리적 접촉을 막는 '사회적 거리두기'를 하면서 어쩔 수 없이 새로운 방식에 적응할 수밖에 없었거든요. 그 바람에 일과 삶의 경계가 흐려져 노동자들의 휴식권이 침해받는 문제도 생겼지만요.

경제 활동이 벌어지는 주무대도 온라인으로 이동됐습니다. 이제 소비자들은 은행 업무를 보기 위해 오프라인 지점을 찾는 대신 은행 앱을 이용하고, 시장에 가지 않고 전자상거래 앱을 열어 식료품을 주문합니다. 이런 변화를 감지하고 온라인 사업을 키운 기업들은 크게 성장했지만, 과거에 안주한 기업들은 시장 영향력을 잃었지요.

   기술이 바꾼 일상의 역사

요즘 흔하게 쓰는 '플랫폼platform'이란 말은 언제 생겼을까요? 생각보다 역사가 꽤 깁니다. 16세기 중세 프랑스어 'plate-forme(평평한 형태)'에서 유래했어요. 평평하다는 뜻의 'plat'과 형태를 의미하는 'form'이 합쳐진 말인데, 당시에는 요새나 땅에 대포를 설치하기 위해 만든 평평한 공간을 뜻했다고 해요.

플랫폼

19세기에 철도가 등장하면서 플랫폼은 '승강장'이라는 의미로 바뀌었습니다. 이때의 승강장은 기차역에서 승객이 타고 내리는 평평한 단을 가리켰어요. 이후 민주주의가 발전하면서 이런 의미가 더 확장

됩니다. 정치인을 비롯한 연설자가 플랫폼에 서서 자신의 주장을 펼치게 된 거죠. 즉 플랫폼이 '의견을 펼치는 자리'가 된 겁니다. 여기서 '활동을 가능하게 하는 기반'이라는 뜻으로 발전했고, 현재까지도 이어지고 있습니다. 유튜브, 인스타그램은 대표적인 플랫폼인데, '콘텐츠를 올리는 곳'이니까요. 물리적인 '단壇'은 사라졌지만, '활동이 이루어지는 바탕'이라는 개념은 그대로 남아 있는 겁니다.

예나 지금이나 플랫폼에는 사람들이 모이기 때문에 플랫폼을 중심으로 자연스레 경제 활동이 일어납니다. 오래전부터 사람들이 많이 모이는 곳에는 자연스럽게 시장이 생겼습니다. 고대 그리스의 아고라만 해도 시민들이 모여 토론을 벌이는 정치 무대인 동시에 생활에 필요한 물품이 거래되는 시장이었지요. 15세기부터 19세기까지 동서양을 오가던 상인들이 수시로 거쳐 간 튀르키예의 이스탄불에는 **그랜드 바자르**Grand Bazaar라는 시장이 생겼고요. 만남의 장인 플랫폼에서 판매자와 소비자는 서로를 찾는 탐색 비용을 줄일 수 있었습니다.

🔅 그랜드 바자르

1461년에 형성된 세계에서 가장 크고 오래된 실내 시장이다. 61개가 넘는 지붕 있는 거리 안에 4천여 개의 상점이 밀집해 있어 '지붕 있는 시장roofed market'이라 불린다. 향신료·귀금속·도자기·카펫 등 다양한 전통 상품을 판매하는, 미로처럼 복잡한 거대한 상업 공간이다. 매일 약 25만~40만 명이 방문하는 세계적인 관광 명소다.

신용카드

전통적인 상인이나 기업들은 자생적으로 생긴 플랫폼에서 제품이나 서비스를 판매해 돈을 벌었습니다. 그런데 산업혁명 이후 경제 환경이 변하자 이런 질문을 던지는 사업가들이 생깁니다.

'기업이 스스로 플랫폼을 까는 운영자가 되어 수익을 낼 수는 없을까?'

신용카드는 기업이 직접 플랫폼을 만들어 돈을 벌 수 있음을 보여 준 대표적인 사례입니다. 1950년 미국 뉴욕의 사업가 프랭크 맥나마라Frank McNamara는 식당을 찾았다가 지갑을 놓고 온 사실을 나중에 알게 되어 민망한 상황을 겪습니다. 이 일로 그는 현금을 가지고 다니지 않아도 식당에서 결제할 수 있는 도구를 만들기로 하지요. 그리고 동업자와 함께 '다이너스 클럽'이라는 회원제 신용카드를 출시합니다.

다이너스 클럽은 신용카드로 편하게 돈을 쓰고 싶어 하는 고객과 고객을 유치하려는 식당을 연결해 줬어요. 고객(회원)과 식당(가맹점)들은 편리함의 대가로 신용카드 회사에 연회비와 수수료를 냈죠. 서로 다른 집단을 연결해 가치를 만들어 내는 전형적인 플랫폼 사업 모델이었습니다.

빅 테크

컴퓨터와 인터넷의 보급은 디지털 세상에서 새로운 플랫폼이 등장할 계기를 마련합니다. 특히 온라인 플랫폼은 물리적 공간의 제약을 넘어 전 세계에서 엄청난 가치를 만들어 냅니다. 대표적인 것이 1994년 설립된 아마존이죠. 아마존은 매장이 없는데도 전 세계 판매자와 구매자를 연결하며 전자상거래 시대를 열었습니다. 1998년 서비스를 시작한 구글은 정보를 찾는 사람과 만드는 사람, 광고주를 연결하면서 검색과 광고 시장을 장악했지요.

2000년대 후반부터 본격적으로 보급된 스마트폰은 플랫폼 산업을 키우는 기폭제가 되었습니다. 오프라인을 주무대로 활동하다 가끔 온라인에 들어오던 사람들을 언제 어디서나 플랫폼에 접속할 수 있게 했으니까요.

이런 환경이 만들어지자 소셜 미디어social media와 메신저는 거대한 소통의 장이 되었습니다. 음식 배달, 택시 호출, 중고품 거래 등 거의 모든 생활과 경제 활동이 온라인 플랫폼에서 일어나는 시대가 열렸지요.

2020년대 이후의 세계적인 기업 대부분이 플랫폼을 운영하고 있습니다. 특히 애플, 알파벳(구글과 유튜브 운영사), 아마존, 메타(페이스북과 인스타그램 운영사) 같은 기업들은 '빅 테크Big Tech'라고 불립니다. 빅 테크는 방대한 데이터와 첨단 기술력을 바탕으로 플랫폼 산업을 지배하는 거대한 정보기술 기업을 뜻합니다. 이들은 특정 분야를 사실상 독과점하죠. 일례로 애플 앱 스토어와 구글 플레이스토어는 모바일 앱 유통의 70퍼센트 이상을 장악하고 있습니다. 메타는 글로벌 소셜 미디어 시장의 70퍼센트 이상을 차지하고요. 이들 빅 테크는 사용자들이 주고받는 규칙을 설계하고, 어떤 정보를 노출할지, 수수료를 얼마나 받을지 등을 자신들이 정합니다. 단순히 거래를 중개하는 역할을 넘어섰죠.

긱 워커

플랫폼은 생산자들이 일하는 방식도 바꾸어 놓았습니다. 특정 회사에 소속되지 않고 디지털 플랫폼 등을 통해 단기 계약으로 일하는 노동자 즉 '긱 워커Gig worker'가 늘어났거든요. '긱Gig'은 1920년대에 공연 기간에만 짧게 섭외된 재즈 연주자를 가리키는 말이었어요. 요즘은 배달기사(라이더), 대리운전 기사, 프리랜서 디자이너 등 긱 워커가 많습니다. 플랫폼이라는 환경이 고객과, 서비스를 제공하는 노동자들을 연결해 주고, 또한 손쉽게 결제할 수 있게 한 것이죠.

플랫폼은 생산자와 소비자의 경계도 점차 흐려 놓습니다. 이런 현상을 확인할 수 있는 대표적인 것이 콘텐츠 산업입니다. 과거에는 기자, 영화감독, 작가 등 전문가들이 기업에 소속되어 콘텐츠를 만

다양한 플랫폼이 등장하면서 모든 분야에서 긱 워커가 늘어났다. 긱 워커는 시간과 장소를 스스로 정할 수 있는 것을 장점, 일이 늘 있는 것이 아니어서 돈을 안정적으로 벌기 어렵고 노동자로서 보호받기 어려운 것을 단점으로 꼽는다. 사진은 우버 이츠 라이더

들었다면, 요즘은 원하는 누구나 콘텐츠를 만드는 크리에이터Creator 가 될 수 있습니다. 동시에 모든 사람이 콘텐츠를 쓰는 소비자가 되기도 하지요.

기술이 바꾼 일상의 역사

왜 플랫폼 산업에선 한두 기업만 살아남을까?

플랫폼 산업의 중요하고 독특한 특징은 '승자 독식 구조'라는 점입니다. 승자 독식 구조란 이긴 사람이 거의 모든 보상을 가져가고, 나머지는 거의 받지 못하는 구조를 말하죠. 쉽게 말하면 1등이 다 가져가고, 2등부터는 거의 못 받는다는 겁니다. 어떤 분야든 시간이 흐르면 한두 기업만 살아남는 독과점 시장으로 자연스럽게 바뀌죠. 심지어 개인정보 유출, 접속 장애 등 플랫폼 신뢰도를 떨어뜨리는 심각한 문제가 일어나도 승자들의 시장 지배력이 쉽게 사라지지 않아요. 왜 그럴까요?

플랫폼에서는 서로 다른 두 개 이상의 집단이 만납니다. 각 집단이 서로 적정한 수를 유지하며 균형을 유지해야 플랫폼이 잘 돌아갑니다. 이런 플랫폼 특성을 '양면 시장Two-sided market'이라고 합니다. 예를 들어 음식 배달 플랫폼에서는 음식점, 라이더, 배고픈 고객이라는 세 집단이 만납니다. 음식점과 고객은 많은데 라이더가 부족하다면 주문한 음식이 늦게 도착하겠죠? 배고픈 고객과 대기 중인 라이더는 충분한데 주문을 받아 줄 맛집이 부족해도 불만이 쌓일 겁니다. 양면 시장을 잘 작동하도록 만드는 건 꽤 어려운 일입니다. 이 때문에 기존 플랫폼을 위협할 다른 경쟁자가 쉽게 나타나지 않는 것이지요.

아울러 플랫폼 사용자가 많을수록 플랫폼 장점이 부각됩니다. 그것이 추가 사용자를 끌어당기는 힘이 되고요. 이런 현상을 '네트워크 효과Network effect'라고 합니다. 이 효과로 인해 시장에서 선두 기업 한두 곳만 남고, 뒤처진 기업들은 사용자가 점점 줄어들다가 사라집니다.

예를 들어 메신저 서비스의 경우 사용자가 많을수록 대화할 수 있는 상대가 많아져 가치가 커져요. 특정 메신저를 쓰는 사람이 일정 비율을 넘으면, 다른 메신저 사용자들도 어쩔 수 없이 그 메신저로 넘어옵니다.

이런 특성을 잘 알기 때문에 플랫폼 사업을 하려는 기업들은 출혈 경쟁dumping war도 마다하지 않습니다. 출혈 경쟁은 기업들이 피를 흘리듯 막대한 손해를 감수하며 벌이는 경쟁을 말해요. 원가에도 못 미치는 낮은 가격으로 제품이나 서비스를 판매하거나, 엄청난 출연료를 주고 유명 모델을 써서 광고를 찍습니다. 실사용자를 늘리기 위해 쿠폰을 남발하고요. 적자를 내더라도 선두 기업이 되어야만 살아남을 수 있다고 믿기 때문이지요.

소유하지 않고 '소비'한다고?

20세기까지만 해도 사람들은 '소유의 시대'를 살았어요. 휴지 한 장부터 누구나 부러워할 멋진 자동차까지, 무언가를 마음껏 사용하려면 반드시 내 것으로 만들어야 했어요. 사람들은 힘들게 일해서 번 돈을 물건을 사는 데 기꺼이 썼습니다.

시장에서는 재화의 소유권이 거래됐지요. 쉽게 말해 내가 귤을 사면 귤 주인이 과일 가게 사장에서 나로 바뀌잖아요. 이처럼 소유권이 거래되는 겁니다. 기업들은 더 많은 재화를 팔기 위해 가격을 낮출 방법을 고민합니다. 재화의 생산과 유통에 드는 비용을 낮추기 위해 '규모의 경제'를 추구하지요. 앞부분에서 언급했듯이 규모의 경제란 많이 만들수록 하나를 만드는 데 드는 비용이 줄어드는 현상을 말합니다. 피자 한 판을 구울 때보다 열 판을 구울 때 돈이 덜 든다는 것이죠. 모든 산업에 규모의 경제 법칙이 맞아떨어지는 건 아니지만, 대규모 자본을 투입해 생산해야 하는 제조업에서는 대체로 이 법칙이 통했어요. 2차 산업혁명을 거치면서 대량 생산 대량 소비 사회가 자리 잡힌 배경이죠.

소유에서 접속으로

미래학자 제러미 리프킨Jeremy Rifkin은 자신의 책 《소유의 종말The Age of Access》에서 경제 활동 방식이 소유에서 '접속'으로 바뀔 거라고 주장했습니다. 실제로 3차 산업혁명은 재화를 소비하고 가치를 생산하는 방식을 바꾸어 놓았지요. 3차 산업혁명 이후에는 물건을 소유하는 것보다 필요할 때 빌려서 이용하는 방식이 많아졌습니다. 물건 자체보다 아이디어, 서비스, 인터넷으로 연결되는 경험을 더 중요한 가치로 여기는 경우가 많고요. 그 결과 '공유 경제'와 '구독 경제' 같은 새로운 경제 활동 방식이 생겨났습니다.

공유 경제는 재화 소유자가 다른 사람들에게 재화를 빌려줄 수 있게 연결하는 모델입니다. 판매자들은 재화 소유권이 아니라 잠시 빌려 쓸 수 있는 권리를 팝니다. 구매자들은 소유권을 사는 것보다 적은 비용으로 재화를 쓸 수 있고요. 예를 들어 주차장에 서 있는 자동차를 필요할 때만 빌려 쓰는 식이죠.

구독 경제도 접속할 수 있는 권리를 팔아서 돈을 버는 모델이에요. 구독료를 내면 일정 기간 동안 원하는 상품이나 서비스를 소유하지 않고 쓸 수 있죠. 자동차나 가전제품처럼 비싸고 오랫동안 가치를 잃지 않는 내구재부터 가볍게 소비할 수 있는 콘텐츠까지, 구독할 수 있는 대상은 다양해요. 대표적인 예가 넷플릭스 같은 영상 스트리밍 서비스이죠. 넷플릭스가 제공하는 방대한 콘텐츠를 스트리밍하며 소비할 수 있지만, 구독 기간이 끝나면 더는 콘텐츠에 접속할 수 없습니다.

초연결 시대

소유하지 않고 소비하는 시대는 어떻게 가능해진 걸까요? 우선 '초연결' 환경이 형성되어서입니다. 정보통신기술이 발전하고 스마트폰이 보급되면서 모든 사람과 사물이 거대한 네트워크에 24시간 연결된 세상이 열렸습니다. 이로 인해 접속권만을 사고팔 수 있게 된 것이지요. 사람과 사물이 온라인에 연결되어 있으면 사용하고 싶은 재화가 어떤 상태에 있는지 쉽게 파악할 수 있습니다. 다른 사람에게 소유권이 있는 재화라도, 지금 아무도 쓰지 않는다면 빌려 쓰겠다는 의사를 표현할 수 있지요. 온라인을 통해 사용 기록을 확인하면 이용한 만큼 돈을 부과하기도 쉬워요.

두 번째는 온라인 플랫폼이 등장해서입니다. 플랫폼은 판매자와 구매자를 연결할 뿐 아니라 서로를 신뢰하게 합니다. 숙박 공유 플랫폼에서 숙소 고르는 과정을 떠올려 보세요. 플랫폼에 남은 별점이나 후기를 보며, 우리는 한 번도 만난 적 없는 사람의 집에 머물기로 결정을 합니다. 접속권을 주고받는 거래는 소유권을 주고받는 것보다 훨씬 복잡하지만, 플랫폼이 제공한 믿음의 장치가 거래를 할 수

요즘은 에어비앤비를 비롯해 숙박 공유 플랫폼 이용자가 많다. 24시간 서로 연결되어 있으니 굳이 소유하지 않고 필요할 때 빌려 쓰는 것이다.

있게 도와줍니다.

이제 시장은 소유권을 사고파는 장소가 아니라, 잠시 만나 접속권을 교환하는 공간으로 변했습니다. 2차 산업혁명 이후 자리 잡은 대량 생산 대량 소비 구조에도 균열이 생겼죠. 소비자들은 돈에 맞추

어 적당한 제품을 사기보다, 내 상황에 딱 맞는 재화를 필요한 만큼
만 이용하고 싶어 합니다. 자연히 기업들도 모든 사람의 욕구에 적
당히 맞추기보다 다양한 취향에 맞는 제품과 서비스를 내놓게 되었
지요.

5장

다가올 미래?
다가온 현실

4차 산업혁명

인공지능

로봇

디지털 화폐

소형 모듈 원자로SMR

로켓

사람처럼 생각하는 인공지능

'기계가 사람처럼 생각하거나 학습할 수 있을까?'

영국의 수학자 앨런 튜링이 처음 던진 질문입니다. 컴퓨터의 이론적 기초를 만들었던 튜링은 어느 날 인공지능에 대한 아이디어를 떠올립니다. 그는 이 질문을 해결하기 위해 1950년에 논문 〈컴퓨팅 기계와 지능Computer Machinery and Intelligence〉을 발표하고, '튜링 테스트'라는 방법을 제안했습니다.

튜링 테스트는 한 사람이 인간과 기계와 각각 대화를 나누는 실험입니다. 이때 대화는 글로 이루어지며, 실험에 참여한 사람은 어느 쪽이 인간이고 어느 쪽이 기계인지 알 수 없습니다. 대화를 마친 뒤, 실험에 참여한 사람은 두 대상 중 누가 인간인지 맞혀야 하지요. 튜링은 만약 인간과 기계를 구별할 수 없다면, 두 대상 중 기계는 지능을 가진 것으로 볼 수 있다고 주장했습니다.

생각하는 기계

튜링의 질문이 참신하죠? 사람들은 튜링의 질문에 자극받아 기계에 지능을 불어넣으려고 시도합니다. 미국의 다트머스대학 교수 존 매카시John McCarthy는 기계도 인간처럼 학습하고 지능을 가질 수 있다는 가설에 기초해 1956년 여름 '다트머스 회의Dartmouth Conference'를 엽니다. 이 회의의 제안서 제목이 〈인공지능에 관한 다트머스 여름 연구 프로젝트 제안서A Proposal for the Dartmouth Summer Research Project on Artificial Intelligence〉입니다.

이 회의에서 매카시가 인공지능이란 개념을 처음 등장시켰고, 인공지능이 정식 학문 분야도 되지요. 매카시는 마빈 민스키Marvin Minsky, 클로드 섀넌Claude Shannon 등과 함께 인공지능 연구의 출발을 알렸습니다. 이들은 인간의 상식에 해당하는 논리와 규칙을 한데 모으면 지능이 탄생할 것이라고 기대했습니다. 이런 방식을 '기호주의'라고 해요. 쉽게 말하면 기호주의는 컴퓨터에게 '사람처럼 생각하고 싶으면, 기호를 쓰고, 규칙을 하나하나 따라 해 보라'고 하는 겁니다.

2+3=5

214

위 예에서 '2'와 '3'은 기호고, '더하면 결과가 나온다' 같은 것이 규칙이죠. 매카시를 비롯한 연구자들은 "사고는 결국 기호와 규칙의 조작이다. 규칙만 충분히 늘리면 인간 지능도 곧 구현할 수 있다"고 자신했습니다. 몇 년간 연구하면 인공지능을 만들 수 있다고 확신했죠. 하지만 실패로 끝납니다. 인간 지능이 얼마나 복잡한지를 과소평가한 탓이죠.

기호주의 대 연결주의

1958년 미국의 심리학자 프랭크 로젠블랫Frank Rosenblatt은 지능을 만들 수 있는 다른 방식을 제안합니다. 인간의 뇌가 뉴런이라는 신경세포로 이루어졌으니 이를 모방해 '퍼셉트론Perceptron'이라는 인공 뉴런을 만들고 인공신경망을 구축해 보자는 거였죠. 그리고 인간이 언어를 배우고 생활에 필요한 지혜를 학습해 나가는 방식과 유사하게 '기계학습'을 시킵니다. 예를 들어 컴퓨터에게 이런 퀴즈를 냅니다.

"이 사진은 강아지일까, 아닐까?"

컴퓨터가 맞히면 "정답이야!" 틀리면 "다시 생각해 봐!"라며 계속

이런 고양이 사진을 보면 기호주의는 "이건 고양이야. 고양이는 동물이야"처럼 규칙에 따라 차근차근 생각하는 반면, 연결주의는 귀·눈·털 모양 등을 보고 "아, 많이 본 고양이랑 비슷해!" 하고 알아본다. 기호주의는 규칙, 연결주의는 경험을 판단 근거로 삼는다.

배우게 합니다. 그렇게 하다 보면 나중엔 강아지를 잘 맞히는 컴퓨터가 된다는 것이죠. 이처럼 인공신경망을 바탕으로 기계학습을 시켜 인공지능을 만드는 방식을 '연결주의'라고 합니다. 정리하자면 기호주의는 컴퓨터에게 "이렇게 해!"라고 알려 주는 거라면, 연결주의는 컴퓨터에게 "해 보면서 익혀!"라고 하는 겁니다.

인공지능 연구 초기에는 기호주의가 훨씬 주목을 받았어요. 당시에는 컴퓨터가 지금처럼 빠르지 않고 연습할 자료도 많지 않아서 인공신경망은 간단한 계산도 잘 못했거든요. 기호주의 연구자들은 각 분야 전문가의 지식을 추출한 뒤 '만약 A라는 상황에 처하면 B를 해라’라는 규칙을 일일이 입력해 시스템을 만들었습니다.

　그런데 기호주의는 곧 거대한 벽에 부딪힙니다. 인공지능은 인간이 수백 시간을 매달려야 풀 수 있는 복잡한 암호를 몇 초 만에 간단히 풀었지만, 아날로그 시계를 읽거나 개와 고양이를 구분하는 일처럼 인간이라면 누구나 쉽게 할 수 있는 일은 정작 해내지 못했거든요. 미국의 컴퓨터 공학자 한스 모라벡Hans Moravec은 이처럼 ‘인공지능이 어려운 일은 쉽게 하면서 쉬운 일은 어려워하는 현상’을 ‘모라벡의 역설’이라고 명명했지요. 기호주의를 고집하던 연구자들은 모라벡의 역설을 넘지 못했고, 인공지능 연구는 한동안 암흑기에 접어듭니다. 이 시기를 다른 말로 ‘인공지능의 겨울’이라고 하죠.

딥 러닝

1990년대부터 연결주의가 부상하기 시작합니다. 왜 그랬을까요?

☀ 인공지능의 겨울

사람들이 “인공지능이 별로 안 똑똑하네…”, “생각보다 잘 못하네…” 하며 실망해서 연구도 줄고, 관심도 식어 버린 시기를 말한다. 1970년대와 1990년대에 두 차례 있었다. 첫 번째 시기에는 “컴퓨터가 곧 사람처럼 생각도 하고 말도 할 거야!” 하고 기대했지만, 기대에 못 미쳐 실망한 시기이고, 두 번째는 ‘전문가처럼 말하는 컴퓨터’가 나오긴 했지만 돈과 노동력을 들인 것에 비해 결과가 만족스럽지 않아 또 사람들이 실망한 시기다. 당시엔 컴퓨터가 아주 비쌌고, 인공지능이 스스로 배우지 못해 규칙을 계속 만들어 넣어야 했다. 그런데 규칙이 많아질수록 규칙끼리 서로 충돌해 문제가 되는 부분을 고치기 어려웠다.

그 사이 컴퓨터의 성능이 향상되었고, 컴퓨터가 학습할 수 있는 데이터도 많이 쌓였거든요. 컴퓨터가 스스로 학습해서 규칙을 발견할 수 있는 토대가 마련된 것이지요.

2012년 인공지능 연구자들은 큰 전환점을 맞이합니다. 영국 출신 과학자 제프리 힌튼Geoffrey Hinton 교수가 이끄는 토론토대학 팀이 자신들이 개발한 인공지능 '알렉스넷AlexNet'으로 이미지 인식 대회에서 우승을 차지한 겁니다. 이 대회는 개, 고양이, 타자기 등 수많은 이미지를 제시하고 인공지능이 얼마나 정확히 인식하는지 겨루는 대회입니다. 알렉스넷은 제시된 이미지의 약 85퍼센트를 맞혀 전 세계의 주목을 받았습니다. 이 사건으로 딥 러닝 시대가 본격적으로 열립니다.

딥 러닝Deep Learning은 컴퓨터가 많은 자료를 보면서 스스로 배우는 방법입니다. 컴퓨터 안에는 여러 겹으로 된 '인공신경망'이라는 구조가 있는데, 이 여러 겹이 정보를 주고받으며 정답을 확인하고 틀린 부분을 서로 고쳐 나가며 점점 똑똑해지죠. 예를 들어 컴퓨터에게 강아지와 고양이 사진을 많이 보여 주면, 처음에는 선이나 점처럼 미세한 특징을 찾고, 그다음에는 귀나 눈 모양을 살펴보고, 마지막에는 전체 모습을 보고 "이건 강아지야!" 또는 "이건 고양이야!" 하고 맞히게 됩니다. 컴퓨터 안에 인공신경망이 여러 겹으로 아주 깊고 두껍게 쌓여 있기 때문에, 이런 학습 방법을 '딥Deep 러닝'이라고 부르게 된 겁니다.

생성형 인공지능과 AGI

이후 인공지능은 급속도로 발전합니다. 2017년 구글은 논문 〈어텐션만 있으면 충분하다Attention is All you need〉를 통해 트랜스포머 어텐션Transformer attention 메커니즘을 처음으로 소개합니다. 책을 읽을 때 모든 단어를 똑같이 하나하나 자세히 볼 수도 있습니다. 하지만 더 효율적인 방법은 글에서 정말 중요한 단어를 먼저 찾는 것이죠. 그리고 그 부분에 밑줄을 긋고, 그 부분에 집중하는 겁니다. 이렇게 사고하는 방법이 트랜스포머 어텐션입니다. 문장 안에서 이 단어와 저 단어가 서로 어떻게 연결되어 있는지 살펴보며 관계를 파악해야 해서 '트랜스포머transformer'란 말이 나왔고, 중요한 단어에 '집중'하기 때문에 '어텐션attention'이란 말이 따라붙은 것이지요. 즉 트랜스포머 어텐션은 '중요한 단어에 더 집중하면서 단어들 사이의 관계를 살펴보는 방법'이라고 이해하면 됩니다.

트랜스포머 어텐션을 바탕으로 생성형 인공지능Generative AI이 탄생했어요. 생성형 인공지능은 딥 러닝으로 대규모 데이터를 학습해 글, 이미지, 오디오, 소스 코드 등 새로운 콘텐츠를 스스로 만들어 내는 모델입니다. 사람의 말(자연어)로 소통하고 창의적인 결과물을 생성하죠. 오늘날 널리 쓰이는 미국의 챗GPT와 제미나이Gemini, 중국의 딥시크DeepSeek 등이 모두 생성형 인공지능입니다.

생성형 인공지능에서 한 차원 더 발전하면 일반인공지능AGI, Artificial

General Intelligence이 됩니다. 생성형 인공지능이 콘텐츠를 만드는 데 특화되어 있다면, 일반인공지능은 사람의 뇌처럼 여러 가지 일을 두루 잘할 수 있으리라 기대하고 있습니다.

지금까지 인류는 자신들만이 학습하고 생각할 수 있는 존재라고 자신해 왔습니다. 인공지능이 등장하면서 이런 자신감이 흔들리기 시작했습니다. 인공지능은 의료, 법률, 프로그래밍처럼 전문 지식이 필요한 분야 일도 척척 해내고 있습니다. 심지어 창의력과 상상력이 필요한 작곡, 미술, 작문 등 예술 영역에서도 뛰어난 능력을 보여 줍니다. 이 때문에 많은 인간의 일자리가 사라질 위기에 놓였습니다.

기술이 바꾼 일상의 역사

인류는 증기기관이 나타났을 때와 유사한 충격을 받고 있습니다. 인
공지능은 인간만이 할 수 있는 일이 과연 무엇인지 근원적인 질문을
던집니다.

인공지능을 키운 반도체

앞서 말했듯이 반도체는 3차 산업혁명을 일으킨 대표적인 기술입니다. 그런데 4차 산업혁명 시기에도 여전히 귀한 대접을 받고 있습니다. 반도체가 인공지능의 성능과 한계를 결정하는 핵심 부품이기 때문이죠. 그렇다면 인공지능을 개발하고 서비스할 때는 어떤 반도체가 필요할까요?

GPU

앞에서 살펴본 것처럼 컴퓨터가 지능을 가지려면 많은 데이터를 보고 스스로 규칙을 찾아서 배워야 합니다. 이런 딥 러닝을 효율적으로 하려면 단순하지만 여러 연산을 동시에 처리할 수 있는 '병렬 연산' 과정이 필요해요. 그래픽 처리 장치GPU, Graphics Processing Unit는 병렬연산을 하는 데 특화된 반도체입니다.

　GPU는 원래 더 선명하고 매끄러운 그래픽(영상·이미지)을 보여 주기 위해 사용하던 반도체였어요. 주로 게임용 컴퓨터에 쓰였죠. 그러다 인공지능이 등장하면서 용도가 달라집니다. 엔비디아_{NVIDIA}, AMD 등이 고성능 GPU를 만드는 대표적인 회사입니다.

제미나이를 개발하는 알파벳은 텐서 처리 장치_{TPU, Tensor Processing Unit}라는 딥 러닝 전용 반도체를 개발해 쓰고 있어요. GPU와 TPU는 어떤 점이 다를까요? GPU가 그래픽 처리, 인공지능 학습 등 다방면에 쓰이는 반도체라면, TPU는 인공지능 학습을 위해 특별히 개발한 반도체라는 점이 다릅니다.

메모리 반도체

GPU나 TPU 옆에는 메모리 반도체가 붙어 있어요. 인공지능에 주로 쓰이는 메모리 반도체는 디램_{DRAM}과 고대역폭메모리_{HBM, High Bandwidth Memory}입니다.

보통 복잡한 수학 문제를 풀거나 글을 쓸 때 연습장을 옆에 두고 사용하잖아요? 풀이 과정이나 아이디어를 까먹지 않도록 끄적이기

그래픽 처리 장치

CPU와 GPU는 모두 컴퓨터의 뇌 역할을 한다. CPU는 문제를 하나씩 차례대로 해결하고, GPU는 한꺼번에 같은 연산을 여러 개 빠르게 처리한다는 점이 다르다. 인공지능을 개발하고 서비스하려면 비슷한 연산을 반복해야 해서 인공지능 기업들은 CPU보다 GPU를 주로 사용한다.

위해서요. 마찬가지로 인공지능에게도 연습장 역할을 하는 메모리 반도체가 필요합니다. 디램은 데이터를 쓰고 지우는 속도가 무척 빠르지만 전원을 끄면 저장해 둔 내용이 모두 날아가 버리는 특성이 있어요. 연습장처럼 GPU나 TPU가 일을 할 때 잠시 데이터를 올려 두는 역할을 맡기기에 적당합니다.

HBM은 디램 여러 개를 위로 높게 쌓아 올린 첨단 메모리 반도체예요. 보통의 디램에 비해 한 번에 주고받는 데이터 양이 압도적으로 크다는 장점이 있죠. 순식간에 대규모 데이터를 처리해야 하는 최신 GPU가 실력을 발휘하려면 HBM과 짝을 이루어야 합니다. 다만 HBM은 만들기가 어렵고 가격도 비싸서 최고 성능이 필요한 곳에 주로 쓰입니다. 한국의 삼성전자와 SK하이닉스가 디램과 HBM을 세계에서 가장 잘 만드는 기업으로 알려져 있어요.

낸드 플래시NAND Flash도 널리 쓰이는 메모리 반도체입니다. 디램에 비해 데이터를 쓰고 지우는 속도는 느리지만, 전원이 꺼져도 데이터가 날아가지 않고 가격도 싼 편이죠. 학습을 위해 필요한 데이터나 인공지능이 만들어 낸 결과물을 안전하게 저장하는 데 쓰이는 이유지요. 참고도서나 검토를 마친 서류를 보관하는 창고에 비유할 수 있습니다.

해방일까, 재앙일까?
로봇

인간은 노동에 대해 이중적인 태도를 취합니다. 노동을 하고 싶어 하지 않기도 하고, 노동을 하고 싶어 하기도 하지요. 오랫동안 사람들은 고된 노동에서 벗어나 자유롭게 살기를 꿈꾸었습니다. 동시에 하는 일로 자신의 정체성을 정의하고, 일을 하지 못하면 사회에서 쓸모없는 사람이 된 듯해 불안해합니다.

로봇이란 말

이런 두 마음 때문에 사람들은 사람을 대신해 일하는 로봇을 바라볼 때도 알쏭달쏭한 태도를 보입니다. 로봇이라는 개념은 인간의 상상력이 반영된 문학에서 먼저 나타났어요. 1920년 체코 극작가 카

렐 차페크Karel Čapek가 쓴 희곡 〈로줌의 만능 로봇들Rossum's Universal Robots〉에서 로봇이라는 단어가 처음 등장해요. 체코어로 단순노동을 의미하는 '로보타robota'라는 단어를 변형한 것이죠.

희곡 속 로봇은 우리가 흔히 떠올리는 금속 기계가 아닌 생명공학으로 만들어진 인조 생명체였어요. 이들은 사람을 대신해 혹독한 노동을 담당했지만, 어느 순간 인간의 명령에 의문을 품으며 반란을 일으키죠. 이처럼 인간은 처음부터 로봇을 고된 노동에서 벗어나려는 인간의 욕망을 해소해 주는 존재이자 인간을 위협할 수도 있는 존재로 상상했습니다.

인간이 주도권을 잃지 않으면서 로봇과 공존할 방법을 고민한 문학 작품도 있습니다. 미국의 과학 소설가이자 생화학 교수이기도 한 아이작 아시모프Isaac Asimov가 1942년 발표한 단편 소설 〈런어라운드Runaround〉가 대표적입니다. 아시모프는 이 작품에서 '로봇공학의 3원칙'을 제시합니다.

제1원칙: 로봇은 인간에게 해를 가해서는 안 되며, 행동하지 않음으로써 인간이 해를 입게 해서도 안 된다.

제2원칙: 로봇은 제1원칙에 어긋나지 않는 한, 인간의 명령에 복종해야 한다.

제3원칙: 로봇은 제1, 2원칙에 어긋나지 않는 한, 자기 자신을 보호해야 한다.

소설에서 로봇은 세 가지 원칙에 따라 행동하지만 2, 3원칙이 충돌하면서 혼란을 겪습니다. 2원칙의 '명령 수행'과 3원칙의 '자기 보호'가 충돌하니 말입니다. 아시모프는 이 소설을 통해 로봇과 인공지능도 논리적 딜레마에 빠질 수 있으므로 윤리적 원칙이 필요하다는 사실을 깨닫게 합니다. 즉 로봇은 악해서 문제를 일으키는 것이 아니라 서로 충돌하는 규칙을 완벽히 논리적으로 따르려다가 문제를 일으킨다는 겁니다. 문제의 핵심은 기술 자체가 아니라 어떤 윤리와 규칙을 어떻게 설계하느냐에 있다는 주장이지요. 소설 속 세 원칙은 이후 인공지능과 로봇 연구자들에게 큰 영향을 미칩니다.

산업용과 가정용 로봇

로봇에 대한 이중적인 마음에도 로봇 기술은 꾸준히 발전했습니다. 1950년대 중반 미국의 엔지니어 조지 데볼George Devol과 조셉 엥겔버거Joseph Engelberger가 공장에서 일하는 산업용 로봇(유니메이트Unimate)을 처음 개발하지요. 두 사람은 공장 노동자들이 너무 위험하고 힘든 일을 반복하는 것을 보면서 이런 일들을 대신할 것을 찾다가 로봇을 개발했다고 해요. 유니메이트는 1961년 미국의 자동차 회사 제너럴 모터스General Motors 공장에 설치됩니다. 아주 뜨거운 쇳물을

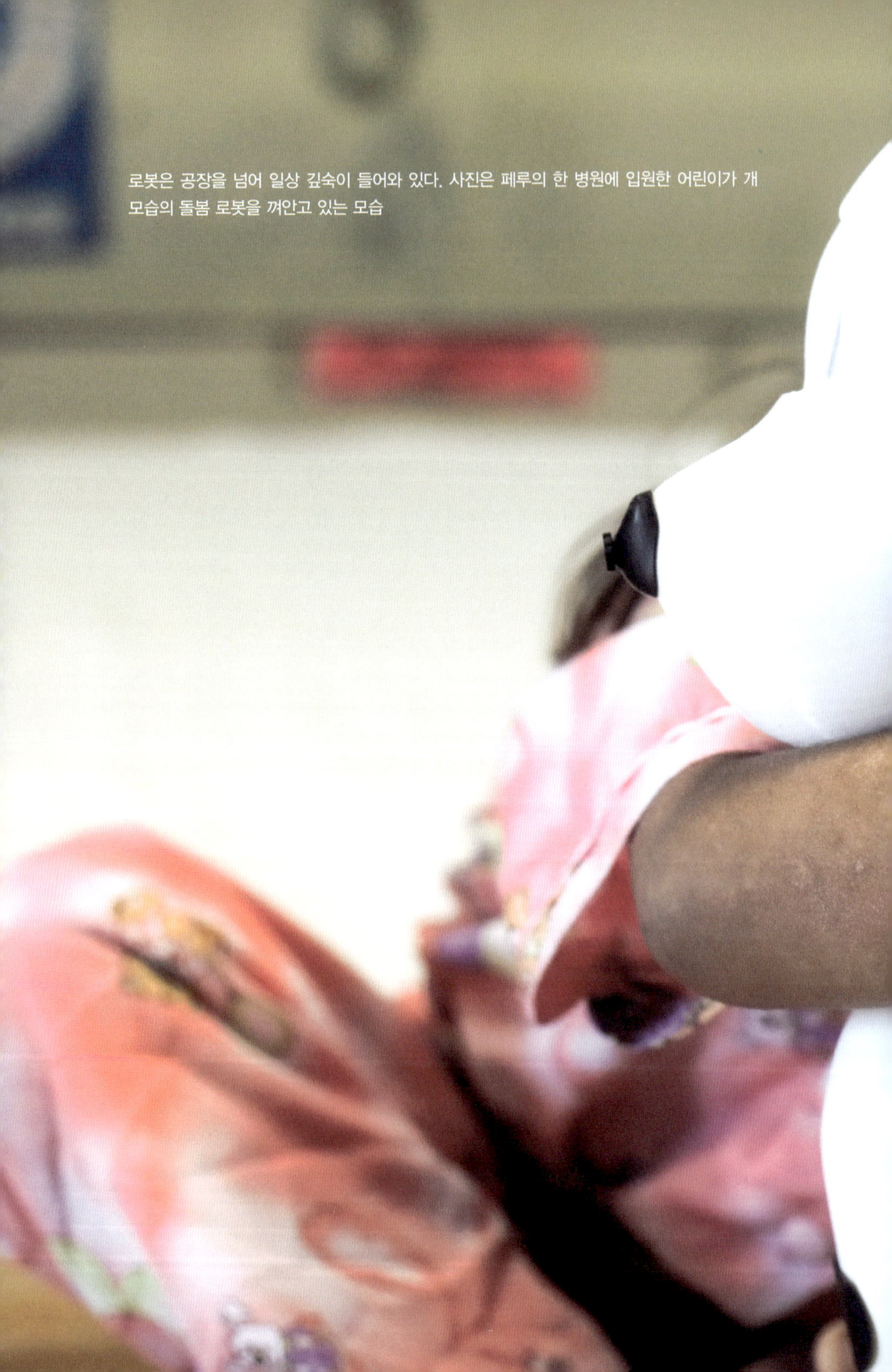

로봇은 공장을 넘어 일상 깊숙이 들어와 있다. 사진은 페루의 한 병원에 입원한 어린이가 개
모습의 돌봄 로봇을 꺼안고 있는 모습

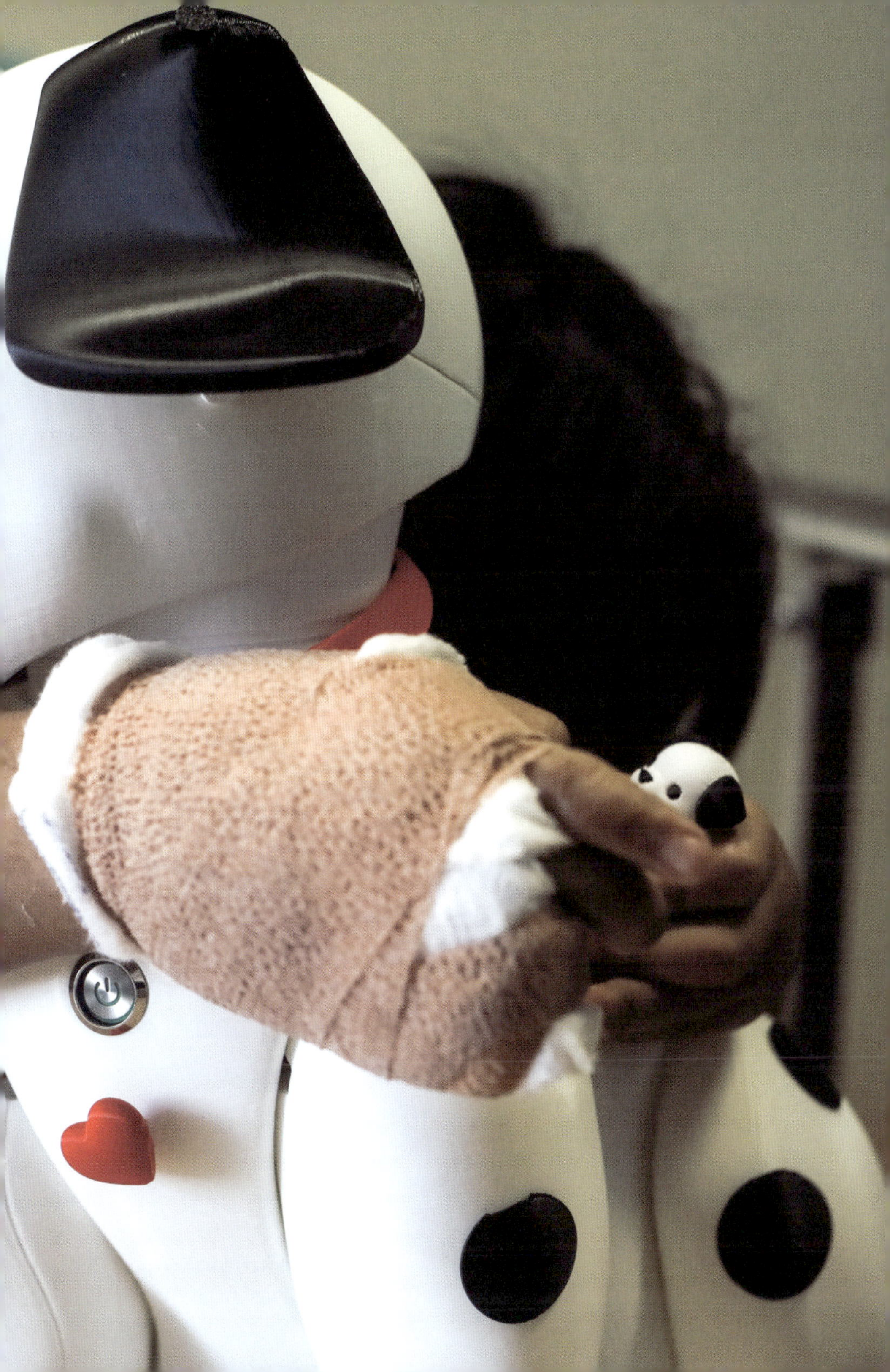

틀(금형)에 붓고, 부품이 만들어지면 꺼내 옮기는 일을 했습니다. 용접처럼 위험한 작업도 맡고요.

이런 로봇의 이점이 알려지면서 1970~90년대 미국, 일본, 독일 등 여러 나라의 기업도 산업용 로봇 개발과 구매에 적극적으로 투자를 합니다. 곧 전 세계 공장에서 자동화가 빠르게 진행되었고 로봇은 자동차, 전자, 철강 등 주요 산업에서 필수 장비로 자리 잡습니다.

2000년대 들어 로봇은 공장을 넘어 집 안으로 들어오기 시작합니다. 2001년 스웨덴 기업 일렉트로룩스Electrolux가 가정용 로봇청소기(트릴로바이트)를 출시한 데 이어 2002년 미국 기업 아이로봇iRobot도 로봇청소기(룸바)를 세상에 내놓습니다. 초기 로봇청소기들은 장애물을 제대로 피하지 못하고 가격도 비싸서 잘 팔리지는 않았어요. 2020년대 들어 사물인터넷 기술이 발전하면서 로봇청소기도 성능이 크게 개선되었지요. 로봇은 산업 현장의 위험한 노동과 귀찮은 집안일에서 사람을 해방시키는 존재가 되었습니다.

피지컬 인공지능

4차 산업혁명 시대로 들어서면서 로봇은 우리가 잠시 잊고 있던 불안을 다시 끄집어냅니다. 로봇은 크게 팔·다리·관절·바퀴 등 움직일 수 있는 물리적 장치와, 주변 환경을 인식하는 센서, 어떻게 움직

기술이 바꾼 일상의 역사

일지 제어하는 규칙인 알고리즘으로 이루어져 있어요. 예전의 로봇은 인간이 미리 만들어 둔 규칙대로만 움직였기 때문에 스스로 판단할 일이 많지 않았습니다. 그런데 2020년대 이후에 나온 로봇들은 인공지능을 이용해서 주변 상황을 보고 스스로 생각하고 배우며 행동할 수 있게 되었죠. 데이터를 바탕으로 스스로 학습해 규칙을 찾아내고 로봇, 드론, 자동차 같은 장치를 움직이게 된 겁니다. 이처럼 물리적 장치와 인공지능을 함께 쓰는 것을 '피지컬 인공지능 Physical AI'이라고 합니다. 쉽게 말하면, '몸을 가진 인공지능'이지요.

어느덧 문학에서 상상하던 로봇이 현실에 나타났습니다. 인간은 고된 노동에서 서서히 벗어나고 있지만, 동시에 로봇에게 일자리를 빼앗기면서 자신의 정체성이 흔들리는 일도 겪고 있습니다. 앞으로 인간은 어떻게 해야 할까요. 무엇보다 로봇과 공존하는 세상에 맞는 윤리와 규범을 다시 만드는 일이 시급합니다.

사람이 필요 없는 '다크 팩토리'

다크 팩토리Dark Factory는 말 그대로 불을 꺼도 돌아가는 공장을 뜻합니다. 생산, 품질 검사, 물류 등 주요 공정을 모두 로봇과 인공지능이 도맡아서 해요. 공장 내부는 사람을 위한 조명이 필요 없어 늘 깜깜합니다. 다크 팩토리 즉 '암흑 공장'이라고 부르는 이유이지요. 공상과학 소설에나 나올 법한 이야기이지만, 요즘 이런 공장이 속속 출현하고 있습니다. 중국 기업 샤오미Xiaomi, 독일 기업 지멘스Siemens가 대표적입니다.

왜 다크 팩토리를 만드는 것일까요? 기업 입장에서는 쉬지 않고 공장이 돌아가니 많은 제품을 생산할 수 있습니다. 생산량은 노동자가 일하는 공장과 비교할 수 없을 정도이지요. 또 위험한 작업을 모두 로봇이 맡으니 기업들은 작업하다 노동자가 죽거나 다치는 산재 사고를 줄일 수 있습니다.

반면 노동자 입장에서는 암담할 수 있습니다. 당장 일자리가 줄어드니까요. 공정을 설계·운영하는 엔지니어처럼 특수한 직무는 살아남겠지만, 보통의 생산직은 로봇으로 대체되기 쉽습니다.

공장에 서 있는 로봇들. 노동자들과 로봇이 일자리를 놓고 다투게 될까.

국가 간의 경제력 격차도 더 커질 수 있습니다. 다크 팩토리를 운영하려면 초기 단계에서 막대한 자본이 필요합니다. 선진국의 대기업들은 이런 비용을 감당할 수 있어 다크 팩토리를 통해 큰 이익을 얻겠지만, 그럴 수 없는 개발도상국의 작은 기업들은 경쟁에서 뒤처질 가능성이 크기 때문이지요.

전기를 얻는 새로운 방법, 소형 모듈 원자로

사람은 생각하고 움직이려면 음식을 먹어 에너지를 얻어야 합니다. 인공지능과 로봇도 마찬가지입니다. 움직이려면 전기가 필요하지요. 이런 이유로 로봇과 인공지능이 발전할수록 전력은 그만큼 더 필요합니다. 국제에너지기구IEA는 2030년 데이터센터에서만 전 세계적으로 약 945테라와트시TWh의 전력을 소비하리라고 내다봤습니다. 2024년 데이터센터의 전력 소비량(약 415TWh)보다 2배 늘어나리라고 본 것이죠. 데이터센터는 서버, 저장장치 같은 정보통신장비가 가득 들어차 있는 커다란 시설입니다. 인공지능을 학습시키고, 인공지능 서비스를 제공하는 데 꼭 필요한 곳이지요.

SMR

그렇다면 어떤 방법으로 충분한 전력을 확보할 수 있을까요? 태양광·풍력 등 여러 에너지가 있지만, 가장 주목받는 에너지원은 원자력입니다. 기존 원자력 발전소에서 진화한 소형 모듈 원자로SMR, Small Modular Reactor라는 형태로 말이지요. 태양광 발전은 밤에는 전기를 만들 수 없죠. 비가 내리거나 날씨가 흐리면 전기가 적게 나오고요. 풍력 발전은 바람이 없으면 전기를 만들 수 없는 데다 풍력 터빈 소리가 커서 지역 사람들이 발전소 건설을 반대하기도 합니다.

소형 모듈 원자로는 쉽게 말하면 레고처럼 조립하는 원자력 발전소예요. 소형이란 말에서 알 수 있듯이 크기가 작아 열이 많이 나지 않고, 문제가 생기면 자동으로 멈추게 설계되어 있습니다. 더욱이 전기를 만들 때 연기나 이산화탄소가 거의 나오지 않습니다.

얼마나 작기에 소형일까요? 보통 원자력 발전소의 1/3~1/20 정도 크기예요. 보통의 원자력 발전소가 대형 쇼핑몰이라면, 소형 모듈 원자로는 학교 한 동 정도라고 생각하면 됩니다. 모듈이란 말에는 '조립할 수 있다'는 뜻이 포함되어 있지요. 소형 모듈 원자로는 공장에서 만들어 놓은 부품들을 가져다 섬, 먼 지역, 공장 근처 등 필요한 곳에 차근차근 조립해 설치하면 됩니다.

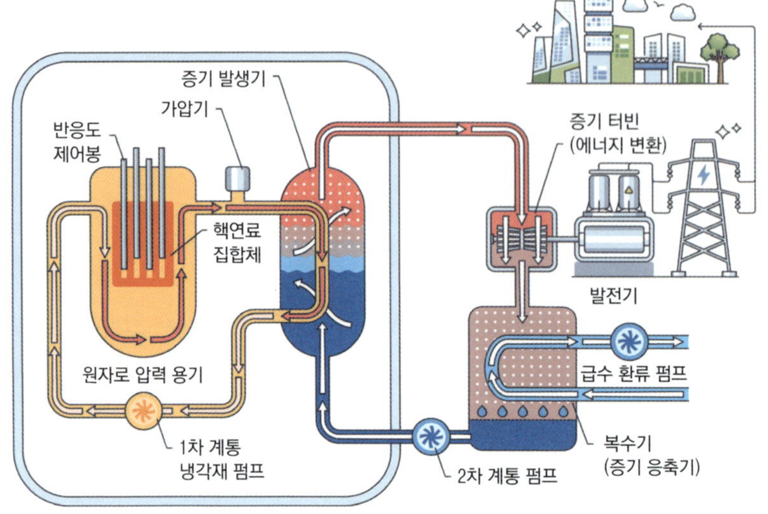

소형 모듈 원자로 작동 원리를 보여 주는 개념도

원자력

1938년 독일의 과학사 오토 한Otto Hahn과 프리츠 슈트라스만Fritz Strassmann은 우라늄 원자에 중성자를 쏘는 실험을 했어요. 우리늄은 더 작은 물질들로 쪼개졌습니다. 그 뒤에 리제 마이트너Lise Meitner와 오토 프리슈Otto Frisch가 왜 이런 현상이 일어나는지 연구하죠. 두 사람은 이 현상을 '핵분열'이라고 부르고, 핵분열 때 아주 큰 에너지가 나온다는 사실도 알아내죠. 이 에너지는 기존 화학 반응으로는 상상

기술이 바꾼 일상의 역사

할 수 없을 만큼 컸어요. 우라늄 1그램만 있어도 다이너마이트 20톤을 터뜨렸을 때와 같은 에너지를 얻을 수 있으니까요.

맨해튼 프로젝트

안타깝게도 핵분열을 발견한 지 얼마 되지 않아 세계는 전쟁에 휩싸입니다. 1939년 2차 대전이 일어나자 미국, 영국, 독일 등의 일부 강대국들은 핵분열을 강력한 무기로 활용해야겠다며 고민하기 시작합니다. 특히 미국은 1942년부터 '맨해튼 프로젝트Manhattan Project'를 비밀리에 추진하지요. 맨해튼 프로젝트는 미국 정부의 지원 아래 1942년부터 45년까지 진행된 비밀 핵무기 개발 프로젝트예요. 프로젝트 초창기 사무실이 뉴욕 '맨해튼'에 있었기 때문에 '맨해튼 프로젝트'라고 불렀다고 해요.

프로젝트 책임자인 물리학자 로버트 오펜하이머Robert Oppenheimer는 세계 최고의 과학자들을 끌어모아 핵무기 개발에 매달렸어요. 1945년 7월 16일 새벽 마침내, 미국 앨라모고도 근처 사막에서 개발한 핵무기를 폭발시키는 실험을 합니다. 이 인류 최초의 핵무기 실험을 '트리니티 핵실험Trinity Nuclear Test'이라고 하죠. 트리니티는 '삼위일체'란 뜻인데, 오펜하이머가 붙였다고 해요. 영화 〈오펜하이머〉를 보면 맨해튼 프로젝트 과정이 자세히 나옵니다.

핵무기가 폭발하는 것을 본 오펜하이머는 이렇게 탄식했다고 하
지요.

오펜하이머의 우려는 현실이 됩니다. 미국은 얼마 뒤인 8월 15일
적국 일본의 히로시마와 나가사키에 원자폭탄을 떨어뜨리니까요.
인류 역사상 처음이자 마지막으로 핵무기가 실전에 사용된 순간이
었죠.

원자폭탄의 파괴력은 어느 정도였을까요? 히로시마와 나가사키
를 초토화했고, 약 11만 명이 그 자리에서 숨졌습니다. 정확히 집계
하지는 않았지만 화상, 방사선 피폭 등 후유증에 시달린 사람들은
이보다 몇 배는 더 많을 겁니다. 이 사건으로 원자력은 인류를 멸망
시킬 수 있는 공포의 대상이 되지요.

안전한 대량의 전기

하지만 2차 대전이 끝난 후 복구하는 과정에서 에너지가 많이 필요
해지자 사람들은 원자력에 다시 눈을 돌립니다. 이번에는 원자력을
평화적으로 이용해 보려고 했죠. 1951년 미국 아이다호 국립연구소

에서는 작은 실험용 원자로에서 최초로 원자력 에너지를 얻는 데 성공합니다. 54년에 소련은 오브닌스크 발전소에서 최초로 상업용 원자력 에너지를 생산해 냅니다.

1970년대에 일어난 두 차례의 오일 쇼크는 원자력 에너지가 확산하는 계기가 되었습니다. 앞서 설명했듯이 서남아시아 지역의 정세가 석유 공급에 자꾸 영향을 미치자, 석유에 의존하던 나라들은 대안을 찾기 시작합니다. 그 대안 중 하나가 원자력 에너지였던 것이죠. 한국도 1978년 원자력 발전소 고리 1호기를 건설해 가동합니다.

그럼에도 원자력 발전소는 늘 공포의 대상입니다. 발전소에서 한 번 사고가 나면 인근 지역을 사실상 초토화할 만큼 큰 재앙을 일으키기 때문이지요. 1986년 현재 우크라이나 영토에 있는 체르노빌에서, 2011년에는 일본 후쿠시마에서 원자력 발전소가 폭발하면서 겪은 일들을 돌아보면 괜한 걱정이 아닙니다.

체르노빌 지역은 당시 소련에 속해 있었는데, 독일을 비롯한 인접 국가에서 엄청난 양의 방사선이 탐지되면서 체르노빌 원자력 발전소에서 사고가 났다는 사실이 세상에 드러났습니다. 당시 사고로 방사선에 피폭되어 숨진 사람이 최소 수천 명이라고 하지요. 발전소 반경 약 30킬로미터는 지금도 공식적으로 출입 제한 구역으로 남아 있습니다.

2011년 일본 후쿠시마 원자력 발전소 사고는 대지진 이후 발생했습니다. 쓰나미로 전력 공급이 중단되면서 냉각 기능이 마비되었지

고리 1호기는 2017년 영구 전지되었고, 2037년까지 해체할 예정이다. 한국은 2026년 2월 현재 원자력 발전소 26기를 가동하고 있다. 4기는 건설 중이다. 사진은 부산시 기장군에 있는 신고리 원자력 발전소 1, 2호기요. 그 결과 원자로에서 수소가 축적되었고, 결국 수소 폭발이 일어난 겁니다. 2026년 현재 후쿠시마 전체로 보면 상당수 산업과 생활 기반이 회복되었지만, 여전히 후쿠시마는 방사선에서 안심할 수 없는 곳입니다.

그렇다면 원자력 에너지를 더 안전하게 쓸 수 있는 방법은 없을까요? 이런 고민을 해결하기 위해 나온 기술이 바로 소형 모듈 원자로입니다. 20세기에 원유가 모자랐을 때 세계 경제가 휘청였던 것처럼, 앞으로는 전기가 없으면 모든 산업이 돌아가지 않을 겁니다. 값이 싸고 안정적이며 대규모로 전기를 만들어 내는 기술을 확보한 국가와 기업만이 경쟁에서 살아남을 수 있죠. 4차 산업혁명 시대에는 전기를 많이 쓰게 될 때에도 안전하게 전기를 만들 수 있는 새로운 기술을 준비하는 것이 무엇보다 중요한 이유입니다.

지폐가 사라진다고? 디지털 화폐

요즘은 디지털 세상에서 더 많은 시간을 보냅니다. 자연스레 사람들은 새로운 화폐가 필요하다는 사실을 깨달았어요. 아날로그 세상에서 주로 쓰던 동전과 지폐는 디지털 세상에서 사용할 수 없으니까요. 사람들은 디지털 세상에 적합한 새로운 화폐인 '디지털 화폐'를 만들려고 합니다.

비트코인

2008년 사토시 나카모토Satoshi Nakamoto라는 가명을 쓰는 프로그래머가 블록체인 기술을 이용한 **암호화폐** '비트코인'을 소개하는 논문을 발표합니다. 이듬해 실제로 비트코인이 등장합니다. 블록체인은 정부나 은행 같은 중앙기관의 직접적인 관리 없이도 개인들이 안전하게 거래 기록을 공유하고 확인할 수 있도록 하는 기술이에요.

블록은 일정 기간 동안 이루어진 거래 기록을 모아 둔 데이터 묶음입니다. 이런 블록들이 시간 순서대로 연결되어 하나의 거래 기록 장부를 이룹니다. 새로운 거래가 발생하면 그 기록이 네트워크에 전달되고, 네트워크에 참여하는 여러 컴퓨터가 거래 내용에 문제가 없는지 확인합니다. 검증을 통과한 블록만이 기존 블록에 연결되며, 문제가 있는 블록은 블록체인에 추가되지 않습니다. 그래서 같은 거래 기록이 네트워크에 참여하는 여러 컴퓨터에 함께 저장되며, 한 번 기록된 내용은 쉽게 바꿀 수 없습니다. 이처럼 블록체인은 모두가 함께 보고, 함부로 고칠 수 없는 '공동 약속 장부' 같은 기술이지요. 블록 검증을 할 때는 복잡한 암호를 풀어야 해서 엄청난 컴퓨팅 자원과 전력을 소모해야 합니다. 네트워크에서는 검증 참여자에게 암호화폐를 보상으로 지급합니다. 검증 과정을 '채굴mining'이라고 하고요.

돈은 사람들이 "이건 돈이야"라고 함께 믿고 약속했기 때문에 사용할 수 있습니다. 지폐가 그냥 종이인데도 돈으로 쓰이는 이유는,

암호화폐

암호화 기술을 이용해 정부나 은행 같은 중앙기관 없이 화폐로 사용할 수 있는 전자 정보를 말한다. 가장 대표적인 암호화폐가 블록체인 기술에 기반한 비트코인이다. 비트코인 이후 이더리움Ethereum, 리플ripple 등 블록체인 기반의 다양한 암호화폐가 나왔다. 다만 최근에는 화폐보다는 가상자산으로 널리 받아들여진다.

     기술이 바꾼 일상의 역사

나라가 그 돈을 공식적으로 인정하고 지켜 주기 때문이지요. 비트코인은 지폐처럼 나라가 보장해 주는 건 아니지만, 블록체인 기술이 그 가치를 지켜 준다고 믿는 사람들이 돈처럼 사용하는 겁니다.

다만 비트코인은 화폐로 쓰기에는 부족한 점이 많았습니다. 우선 가치가 들쑥날쑥했습니다. 오늘 비트코인 하나가 8천만 원이었는데, 내일은 1억 원이 되는 식이었지요. 이런 일이 반복되면 비트코인을 지불 수단으로 쓰는 사람들이 점차 사라집니다. 오늘 8천만 원인 비트코인 하나로 자동차를 샀는데, 다음 날 비트코인 가격이 1억 원으로 올랐다고 생각해 보세요. 1억 원이면 자동차뿐 아니라 다른 것도 살 수 있었을 테니, 전날 비트코인 쓴 것이 아까울 겁니다. 비트코인을 계속 믿고 쓰기가 불안하지요.

또 비트코인은 거래가 바로바로 끝나지 않아서 돈으로 쓰기에는 너무 느렸습니다. 비트코인은 보통 약 10분에 한 번씩 새 기록 상자, 즉 블록을 만들어요. 비트코인으로 물건을 사면, 거래가 제대로 되었는지 확인하는 데 시간이 걸립니다. 빨리 계산하고 바로 물건을 받는 요즘 사람들에게는 불편한 점이지요.

이런 이유로 한국을 비롯한 많은 나라에서 비트코인을 화폐가 아닌 자산으로 분류합니다. 실물도 없고 화폐로 쓰기는 어렵지만 일단 사람들이 가치 있다고 믿으니, '가상자산'이라는 새로운 법적 지위를 부여한 거예요. 자신은 금, 주식, 부동산, 저작권처럼 경제적인 가치가 있는 재화를 뜻해요.

CBDC

사실 비트코인 이전에도 디지털 화폐를 만들려는 시도가 있었습니다. 신용카드, 계좌이체, 간편결제 같은 **전자결제 수단**이 발달해 사람들이 디지털 화폐의 필요성을 크게 느끼지 못했을 뿐이지요. 실물이 아닌 디지털 신호만으로 이루어진 화폐 가치를 믿지 못하는 분위기도 있었고요.

그런데 비트코인이나 이더리움 같은 블록체인 기반의 암호화폐가 등장한 이후 분위기가 달라집니다. 이런 변화 속에서 CBDC Central Bank Digital Currency와 스테이블코인stablecoin 같은 디지털 화폐가 등장했지요.

CBDC는 각국 중앙은행이 발행하는 디지털 화폐입니다. 국가에서 법적으로 가치를 보장하는 법정 화폐를 디지털 세상에 맞는 형태로 만든 거예요. 비트코인처럼 블록체인 기술을 바탕으로 구현했지만, 중앙은행의 힘으로 늘 일정한 가치를 유지합니다. 2025년 기준 130여 국이 CBDC를 도입하기 위해 연구 중이라고 합니다. 바하마·나이지리아·자메이카 등 몇몇 국가에서는 동전과 지폐를 관리하는 비용을 줄이고, 누구나 쉽게 돈을 쓰고 은행 등 금융 시스템에 접근

전자결제 수단

현금을 직접 주고받지 않고도, 네트워크를 통해 화폐의 가치를 전달하여 물건이나 서비스를 구매할 수 있는 방법을 전자결제라고 한다. 신용카드, 계좌이체, 휴대전화 결제, 간편결제 등이 대표적이다.

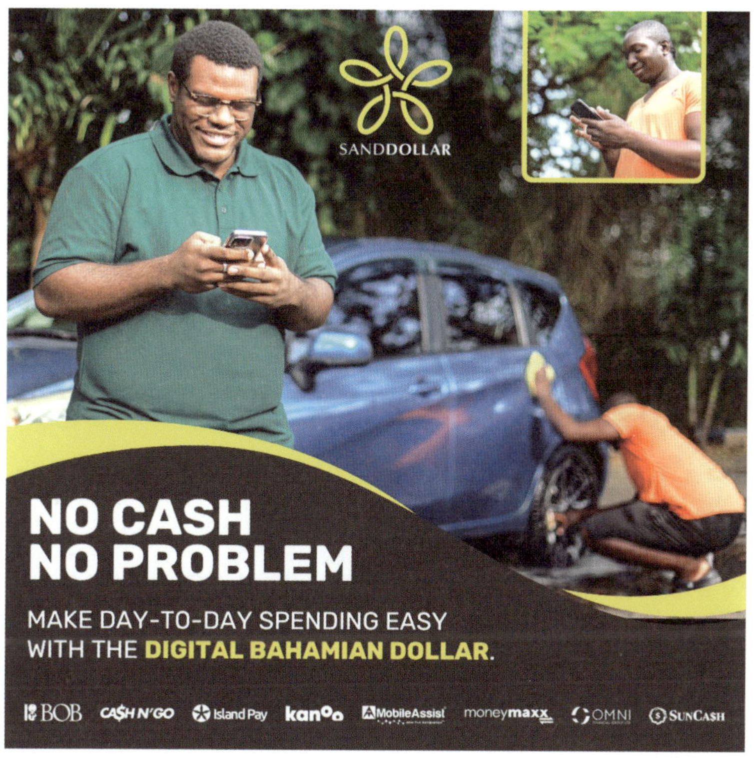

바하마는 북대서양의 루케이언 제도에 위치한 섬나라로, 2020년 10월 세계 최초로 전국적으로 사용할 수 있는 중앙은행 디지털 화폐인 샌드 달러Sand Dollar를 출시했다. 바하마는 여러 섬으로 이루어진 나라여서, 일부 섬에 사는 사람들은 은행이 멀리 있거나 은행을 이용하기 어려운 경우가 많았다. 바하마 정부는 이런 문제를 해결하기 위해 휴대전화로 돈을 쓰고 보낼 수 있는 방법을 고민했고, 그 결과 샌드 달러를 만들게 되었다. 사진은 샌드 달러 홍보물. '현금이 없어도 문제없다NO CASH NO PROBLEM'는 문구가 보인다.

할 수 있게 하려고 이미 CBDC를 법정 화폐로 사용하고 있어요.

스테이블코인

스테이블코인은 민간 금융 회사가 발행합니다. CBDC와 마찬가지로 코인 1개 가치가 항상 일정하게 유지되도록 설계했어요. 대표적인 스테이블코인은 2014년부터 테더Tether가 발행한 USDT와 2018년부터 서클Circle이 발행한 USDC가 있습니다. 모두 미국 달러를 기반으로 발행한 스테이블코인입니다. 한국에서도 원화를 기반으로 스테이블코인을 만들려는 회사들이 있지요.

민간 기업이 왜 스테이블코인을 만들까요? 이 기업들은 사람들이 스테이블코인을 받기 위해 현금을 내면, 현금을 금고에 넣어 두지 않고 다른 곳에 투자해 이익을 낼 수 있습니다. 스테이블코인으로 환전·송금·결제를 하려는 사람들에게 수수료를 받을 수 있고요. 전 세계의 돈이 어떻게 오가는지 보이는, 질 좋은 데이터를 얻을 수도 있지요.

그럼, 사람들은 왜 법정 화폐 대신 스테이블코인을 쓸까요? 우선 한 국가가 아니라 여러 나라를 넘나들며 코인을 쓸 수 있기 때문입니다. 최근 튀르키예, 아르헨티나, 베네수엘라 등지에서는 미국 달러 기반의 스테이블코인이 널리 쓰이고 있어요. 경제가 불안정해서

베네수엘라 난민들이 가치가 떨어져 종잇조각이 된 자국 법정 화폐 볼리비아노를 이용해 수공예품을 만들어 팔고 있다. 베네수엘라처럼 정치, 경제적으로 불안정한 나라에서는 물가가 급속도로 오르고 법정 화폐의 가치도 계속 떨어진다. 사람들은 자산을 지키기 위해 미국 달러에 연동된 스테이블코인을 많이 산다.

물가가 폭등하는 나라에서는 자국의 법정 화폐보다 스테이블코인의 가치가 더 안정적이라고 여기는 사람이 많거든요. 또한 스테이블코인에는 법정 화폐에는 없는 특별한 기능을 넣을 수 있기 때문입니다. 예를 들면 조건을 충족하면 자동으로 송금이 일어나는 기능을 넣어서, 물건이 도착했다는 알람이 오면 자동으로 스테이블코인이 지급되도록 만들 수 있습니다.

하지만 스테이블코인은 아직까지는 안심하며 쓸 수 없습니다. 가장 큰 문제가 이름과 달리 가치가 항상 안정적이지 않다는 점입니다. 스테이블코인을 발행하는 회사는 사용자들에게 받은 현금을 미국 국채나 금 등 안전자산으로 바꾸어 담보로 보관해야 합니다. 그런데 발행 회사가 비트코인 등 가치가 크게 출렁거리는 위험자산에 투자했다가 큰 손실을 보거나, 사용자가 맡긴 돈을 내부자가 마음대로 써 버리는 일이 종종 일어나요. 이처럼 발행 회사의 재무 상태가 좋지 않거나 도덕성에 문제가 있다고 느낀다면 스테이블코인의 가치를 유지할 수 없어요. 많은 나라가 스테이블코인의 발행과 유통에 신중한 태도를 보이는 이유입니다.

지구 밖까지 나아가라, 로켓

"지구는 인류의 요람이지만, 인류는 영원히 요람에 머물 수 없다."

러시아 과학자 콘스탄틴 치올콥스키Konstantin Tsiolkovsky의 명언 중 하나입니다. 치올콥스키는 우주 비행을 꿈꾸며, 1903년 로켓을 이용한 우주 탐사 가능성을 과학적으로 설명한 논문 〈반작용 장치를 이용한 우주 공간의 탐사Exploration of Cosmic Space by Means of Reaction Devices〉를 발표했지요. 오랫동안 신들의 공간으로 남아 있던 우주를 인간의 공간으로 만들겠다는 원대한 포부를 드러냈습니다.

우주 탐사는 허황한 꿈이 아니었습니다. 러시아 다음에 들어선 소련은 1957년에 세계 최초의 인공위성 스푸트니크 1호를 우주로 쏘아 올렸습니다. 이 해는 치올콥스키가 태어난 지 100년이 되는 해이기도 했지요. 1961년에는 유리 가가린Yuri Gagarin이 보스토크 1호를

인류 최초로 혼자서 우주 비행에 성공한 유리 가가린. 보스토크 1호를 타고 지구 궤도를 한 바퀴 돌았다. 비행시간은 약 108분이었다. 사진은 우주선에 타기 전의 모습

타고 인류 최초로 우주 비행에 성공합니다. 지구로 돌아온 그는 "우주는 어둡지만, 지구는 푸르다"고 전했지요.

이런 소련의 성취에 미국은 큰 충격을 받습니다. 미국은 1958년 항공우주국NASA을 만들며 우주 탐사 경쟁에 뛰어들지요. 1969년 마침내 닐 암스트롱Neil Armstrong과 비즈 올드린Buzz Aldrin을 태운 아폴로 11호를 인류 역사상 처음으로 달에 착륙시킵니다. 냉전이 끝난 후에도 미국은 우주 탐사를 계속합니다. 다만 소련이라는 경쟁 상대가 사라지고 우주 탐사에는 비용이 많이 들기 때문에, 주로 과학 연구 중심으로 우주 탐사를 진행했지요.

국가에서 민간으로

2000년대 들어서는 민간 기업들이 우주 개발에 뛰어듭니다. 아마존 창업자 제프 베이조스가 만든 블루오리진Blue Origin, 테슬라의 경영자 일론 머스크가 설립한 스페이스XSpaceX 등이 대표적이죠. 왜 정부가 아닌 민간 기업들이 나섰을까요? 앞서 말했듯이 우주 개발에는 돈이 많이 들기 때문에, 냉전 같은 특별한 상황이 아니라면 정부가 막대한 예산을 쏟아 가며 지속하기 어렵습니다. 반면 기업들은 지구에서는 할 수 없는 사업 기회를 우주에서 찾을 수 있으리라 기대했기 때문에 과감하게 투자할 수 있었어요.

우주 산업에 뛰어든 기업들의 가장 큰 고민은 높은 비용이었습니다. 로켓을 한 번 발사할 때마다 수백억 원이 들어가니 이익을 내기가 너무 어려웠지요. 기업들은 발사비 줄일 방법을 찾기 시작합니다. 가장 먼저 찾은 방법이 로켓 재사용입니다. 과거에는 로켓을 한 번 쓰고 나면 버렸기 때문에, 발사할 때마다 새 로켓을 만들어야 했습니다. 비용이 많이 들었죠. 그런데 2015년 스페이스X가 로켓의 1단을 회수해 재사용하는 데 성공했습니다. 이후 로켓 발사비가 크게 줄어들었지요.

기업들은 위성도 점점 더 작게 만들고 있습니다. 과거의 통신위성은 무게가 1톤 이상으로 매우 컸지만, 오늘날에는 수킬로그램에서 수백 킬로그램 정도의 작은 위성도 많이 사용됩니다. 위성이 작아졌으니 제작 비용도 많이 줄어들었겠지요? 또한 기업들은 작은 위성을 수십 대에서 수만 대까지 연결해 하나의 거대한 그물망처럼 운영합니다. 이런 방식을 '위성 군집'이라고 하지요. 위성 군집을 이용하면 위성 하나가 고장 나도 다른 위성들이 끊김 없는 서비스를 제공할 수 있고, 고장 난 위성만 찾아서 수리하거나 대체하면 되니 유지·보수 비용이 낮아집니다.

2020년대 들어 어떤 기업들은 수익을 내기 시작했습니다. 스페이스X가 대표적이지요. 이 회사는 지구 궤도에 띄운 많은 소형 위성을 이용해 고속 인터넷 서비스를 제공합니다. 이 서비스는 통신 환경이 좋지 않았던 섬이나 산간 지역, 바다, 비행기 안에서도 사용할 수 있어 이용자가 빠르게 늘고 있습니다. 스페이스X는 정부나 민간 기업을 대신해 위성을 우주로 발사해 주는 발사 서비스로도 큰 수익을 내고 있습니다.

우주 활용법

민간 우주 개발 기업들은 우주에서 여러 새로운 사업을 시도하고 있습니다. 민간인을 태우고 짧은 시간 동안 우주를 체험하게 하는 우주 관광이나 인공위성을 이용해 지구를 관측하고 그 정보를 판매하는 사업은 벌써 상용화 단계에 이르렀어요. 민간 우주 개발 기업들

　　　　　　　　　　　　　기술이 바꾼 일상의 역사

2021년 7월, 버진 갤럭틱(미국의 민간 우주 개발·관광 회사)은 민간인만 태운 첫 우주 관광 비행에 성공한다. 창업자 리처드 브랜슨을 포함해 총 6명이 탑승했으며, 우주선은 약 80킬로미터 상공까지 올라가 몇 분간 무중력을 체험한 뒤 지구로 돌아왔다. 준궤도 비행이었다. 준궤도 비행은 우주선을 타고 높이 올라가 잠깐 무중력을 느낀 뒤 바로 지구로 내려오는 것으로, 지구를 돌지는 않는다. 궤도 비행은 아주 빠르게 날아 지구 주위를 빙글빙글 돈다. 더 멀리, 더 오래 우주에 머문다. 사진은 당시의 우주선 'VSS 유니티'

은 인공지능을 학습시키는 데 필요한 데이터센터를 인공위성에 탑재하려는 시도도 하고 있지요. 우주에서는 데이터센터 가동에 필요한 전력을 태양에서 무한히 얻을 수 있기 때문입니다. 우주 공간에서 신약이 될 가능성이 있는 물질을 찾거나 인공 장기를 만드는 연구도 진행 중입니다. 지구와 달리 우주는 무중력 환경이라서 중력에 영향을 받지 않고 더 정밀한 연구와 제조를 할 수 있어요. 우주에서 희귀한 광물을 찾아 채굴하려는 기업들도 있습니다.

21세기의 우주 기술은 나라 간의 힘겨루기를 넘어, 우주를 이용해 사람들이 더 편리하게 살 방법과 지구의 한계를 넘을 새로운 길을 찾는 것이 목적입니다. 앞으로 인류의 경제 활동은 우주로 점점 더 확장될 것입니다.

기술에 끌려가지 않고, 끌고 가려면?

대부분 사람은 '기술 발전'을 낙관적으로 바라봅니다. 새로운 기술이 생산성을 높이면, 기업의 이윤이 늘어 일자리가 늘어나고 보통 사람들의 임금과 생활 수준까지 올라가는 선순환이 일어나리라고 기대합니다. 미국의 경제학자 대런 아세모글루Daron Acemoglu와 사이먼 존슨Simon Johnson은 저서 《권력과 진보Power and Progress》에서 이런 믿음을 '생산성 밴드왜건Productivity Bandwagon'이라고 불렀습니다. 밴드왜건은 행진할 때 악대가 타고 가는 수레인데 대부분 사람이 이 수레가 보이면 모여들어 따라갑니다. 이처럼 기술이 생산성을 끌고 가면 사람들의 생활도 자연스럽게 나아진다는 것이지요.

기술 발전은 좋은 것?

사람들은 새로운 기술이 생산성을 올려 주리라는 막연한 기대를 품고 그 기술을 받아들입니다. 그 기술이 왜 필요한지, 정말 도움이 되는지, 그것을 어디에 쓰는지 등을 충분히 따지지 않은 채 말이지요. 4차 산업혁명이 한창 진행되고 있는 지금도 그렇습니다.

새로운 기술은 무조건 좋은 것일까요? 아세모글루와 존슨은 기술 발전이 자동으로 모든 사람의 삶을 나아지게 만들지는 않는다고 경고합니다. 생산성 밴드왜건은 기술 낙관론을 뒷받침하기 위해 쓰이는 교리와 같다는 지적이지요. 또 생산성 향상으로 정말로 모든 사람이 잘살게 되려면 조건이 필요하다고 설명해요. 그 조건은 바로 '포용적인 정치·경제 제도'입니다. 여기서 '포용적'이란 말은 경제 성장의 혜택을 소수가 가지는 것이 아니라 많은 사람이 함께 나누어 가져야 한다는 뜻이에요. 이런 연구 결과로 두 사람은 2024년에 노벨 경제학상을 받았습니다.

1차 산업혁명의 어둠

두 사람의 주장을 더 살펴볼게요.

18세기 영국에서 증기기관이 발명되며 인류는 산업혁명에 들어섰습니다. 생산성이 크게 높아져 공장을 운영하던 자본가들은 막대한 부를 축적했지요. 하지만 노동자들의 삶은 이전과 별로 달라진 것이 없었습니다. 오히려 후퇴했다고 봐야 하지요.

산업혁명 초기 수십 년 동안 많은 영국 노동자의 실질임금은 거의 오르지 않았고, 하루에 12~14시간 동안 일하는 것이 일반적이었습니다. 아동 노동도 흔했습니다. 도시의 생활 환경도 매우 열악했습니다. 상하수도 시설이 부족해 전염병이 자주 돌았고, 대기 오염도 심각한 수준이었습니다. 당시 노동자들의 평균 기대 수명이 30세 정도였습니다.

노동자들은 정치적 권리도 거의 없었습니다. 선거권은 귀족과 자본가 등 소수 상류층만 가졌고, 기술의 방향 역시 이들이 결정했지요. 그 결과 기술은 사람들의 삶을 개선하기보다는 노동자를 대체하고 이윤을 늘리는 수단으로 활용되었습니다. 기술 발전으로 늘어난 생산물도 소수가 독차지했지요.

2차 산업혁명의 밝음

2차 산업혁명 때는 이전과 달랐습니다. 이 시기에는 기술 발전과 함께 노동자를 보호하고 노동자 권리를 강화하는 제도가 마련되었습니다. 많은 노동자가 이전보다 나은 삶을 살았지요. 구체적으로 보면, 20세기 들어 보통선거권이 확대되면서 노동자들도 정치에 참여할 수 있게 되었습니다. 민주주의가 정착되자 노동자들의 정치·사회적 힘이 커지고, 노동자들은 기업과 협상 테이블에 마주 앉게 되었지요. 그 결과 아동 노동을 금지하거나 강하게 제한하고, 노동 시간

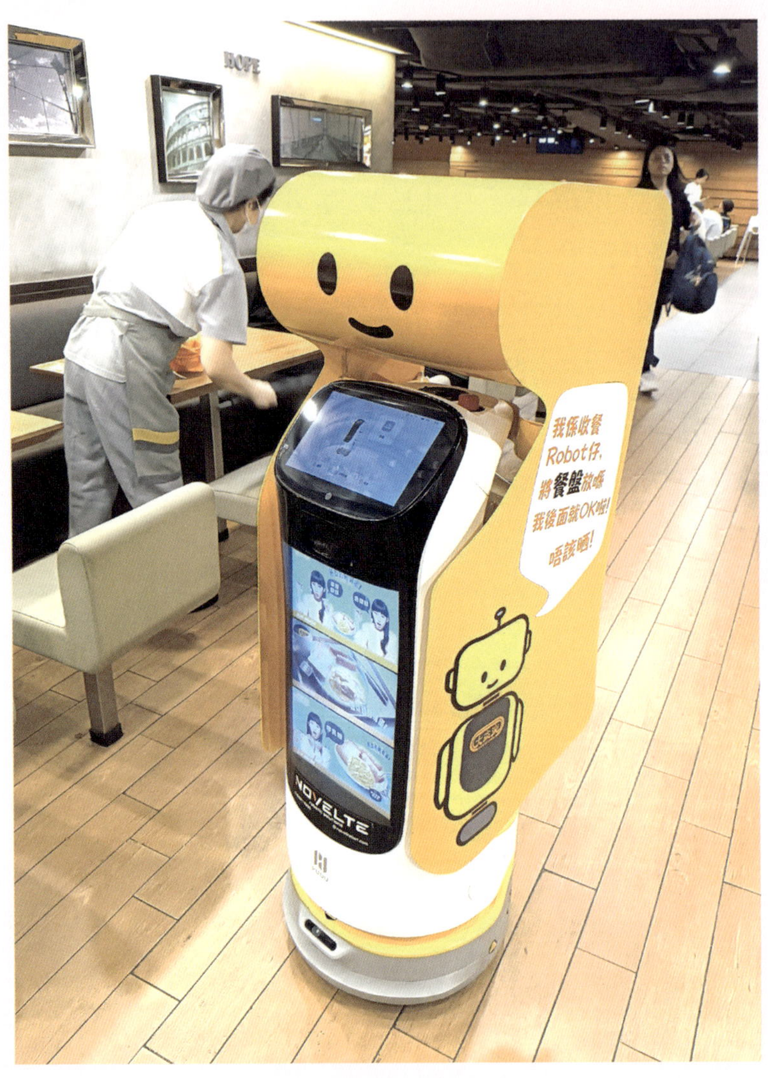

음식 배달 로봇 옆에서 식당 직원이 테이블을 닦고 있다. 사람과 인공지능 로봇이 공존하는 풍경이 흔해졌다. 인류의 삶은 또다시 어떻게 바뀔까. 새로운 기술이 더 나은 삶으로 이어지려면 기술 발전의 방향에 질문을 던지고 포용적인 제도를 설계하려는 노력이 필요하다.

도 줄일 수 있었습니다. 노동조합을 결성해 노동 조건을 개선할 길
도 열었습니다.

2차 산업혁명 시기에 국가는 공교육에 투자합니다. 교육을 받은
노동자들은 새로운 기술을 익혀 저숙련 상태에서 벗어날 수 있었고,
변화한 산업 구조에서 새로운 일을 할 수 있게 되었습니다. 노동자
들은 새로운 기술에 밀려나는 것이 아니라, 그 기술을 자신의 생산
성을 끌어올리는 도구로 쓸 수 있었습니다. 이 과정에서 임금이 오
르고 중산층이 형성되었습니다.

누구를 위한 기술일까

✿

이런 역사적인 경험을 바탕으로 아세모글루와 존슨은 인공지능이
발전할수록 인류의 삶이 나아지리라 기대하는 'AI 낙관론'을 경계해
야 한다고 경고합니다. 제도의 뒷받침 없이 기술이 발전할 경우, 인
공지능이 노동자를 돕기보다는 노동자를 대체하거나 감시하는 방
향으로 악용될 위험이 크다는 겁니다.

두 사람은 기술이 나아갈 방향도 제시합니다. 소수의 기업이나 엘
리트가 기술의 방향을 결정하지 않게 시민들이 견제해야 하고, 인공
지능은 인간의 능력을 약화하는 것이 아니라 강화하는 방향으로 개
발되어야 한다고 강조합니다. 더 나아가 기술 변화에 적응하기 어려

운 사람들을 위해 사회 안전망을 강화하는 것 역시 반드시 필요하다고 주장합니다.

물론 두 사람의 해법이 꼭 옳은 것은 아닙니다. 미래는 누구도 알 수 없으니까요. 우리는 기술이나 권위자들에게 끌려갈 것이 아니라 스스로 질문을 던지고 방향을 설정해야 할 것입니다. '이 기술은 누구를 위한 걸까? 어떻게 해야 이 기술을 모든 사람이 누릴 수 있는 방향으로 발전시킬 수 있을까?' 같은 질문을 던지면서 말입니다.

이미지 출처

- Wikimedia Commons : 15, 16, 21, 23, 28(아래), 34, 37, 40, 43, 51, 60, 68, 72, 80, 92, 101, 105, 112, 113, 118, 122(위), 124, 128, 137, 139, 154, 168, 171, 174, 177(1, 3번), 184, 189, 193, 202, 233, 240, 249, 252, 255, 260쪽
- GettyimagesKorea : 76, 87, 96, 146, 179, 228쪽
- Shutterstock : 122(아래), 130, 236쪽
- unsplash.com : 177(2번), 195, 208쪽
- World History Encyclopedia : 20쪽
- artvee.com : 29(위), 32, 47쪽
- 국립경주박물관 : 30쪽
- 뉴스뱅크(한국일보) : 94쪽
- 뉴스뱅크(조선일보) : 134쪽
- Library of Congress : 157쪽
- 247쪽 : https://www.facebook.com/sanddollarbs

※ 저작권자를 찾지 못한 사진은 저작권자가 확인되는 대로 저작권료를 지불하겠습니다.

기술이 바꾼 일상의 역사

초판 1쇄 발행 2026년 03월 25일

지은이 | 연유진
펴낸이 | 김연우
펴낸곳 | ㈜태학사
등록 | 제406-2020-000008호
주소 | 경기도 파주시 광인사길 217
전화 | 031-955-7580
전송 | 031-955-0910
전자우편 | thspub@daum.net
홈페이지 | www.thaehaksa.com

편집 | 조윤형 여미숙 김태훈
마케팅 | 김민선

ⓒ 연유진 2026. Printed in Korea.

값 17,500원
ISBN 979-11-6810-434-1 03900

도서출판 날은 ㈜태학사의 인문·에세이 브랜드입니다.

책임편집 여미숙
디자인 이유나
